ABI - UND DANN?

DEIN RATGEBER FÜR DIE ZEIT NACH DER SCHULE

Ein Buch von Amelie Haupt
Herausgegeben von Robin Thier

Vielen Dank an das seitenwaelzer-Team für die tollen Ideen und Anregungen, die Korrekturen sowie die langen spaßigen Abende voller Diskussionen.

Gestaltung des Covers: Tanja Steinmeyer

Lektorat, Korrektorat: Ruth Quante, Bernd Thier, Timea Wanko, Viktoria Raeder
Zweite Auflage, 2019, seitenwaelzer.de

INHALTSVERZEICHNIS

1. Fuck **5**

Kein Bravo-Test 7

Über mich 8

Wie liest du dieses Buch? 10

2. Die Wegbeschreibung **11**

3. Dein Ziel **14**

Finde deine Vision 18

Finde deine Interessen 19

Finde deine Rahmenbedingungen 32

Nieder mit den Stereotypen! 37

4. Deine Möglichkeiten **39**

Den Überblick behalten 40

Gap Year abroad? Go for it! 40

Gap Year in good ol' Germany 46

Studieren oder nicht? Das ist hier die Frage! 48

Studieren, aber was? 53

Ausbildung 56

Duales Studium – Best of both worlds 60

Arbeiten – Weniger Langeweile, mehr Geld 66

5. Deine Optionen **67**

Das liebe Geld 67

Ordnung in das Chaos bringen 72

6. Bon Voyage! **80**

FUCK

1. FUCK.

Laut dem Urban Dictionary bedeutet das Wort „Fuck" unter anderem „vollkommene und äußerste Verwirrung."

„Fuck" ist das Wort, mit dem du deine momentane Situation wohl am besten beschreiben kannst.

Du sollst entscheiden, was du mit deinem Leben anfangen willst. Wo soll es nach der Schule hingehen? Was willst du studieren? Was für einen Job willst du später machen?

„Fuck", denkst du dir, weil du keinen Plan hast. Vermutlich ist es das erste Mal in deinem Leben, dass du wirklich über deine Zukunft nachdenkst und diese hüllt sich in den grauen Nebel der Ungewissheit. Was wirst du nach dem Abi machen? Wo wirst du leben? Was wird aus deiner Freundesclique?

Du sollst, nein, du musst endlich eine Entscheidung treffen. Dabei war die größte Entscheidung, die du bisher treffen musstest, deine Leistungskurswahl am Anfang der Oberstufe. Und nun erwarten Eltern, Verwandte und Freund*innen von dir, dass du am besten einen 30-Jahres-Plan präsentierst, in dem auch die Enkelkinder schon eingeplant sind.

„Fuck", denkst du dir, weil du dich ganz schön überfordert fühlst von dieser Aufgabe. Und du hast Angst. Angst davor, eine falsche Entscheidung zu treffen oder überhaupt gar keine Entscheidung treffen zu können. Du weißt doch noch gar nicht, was du willst, was du kannst und was dir das Leben so bringen wird. Wie sollst du mit so vielen Ungewissheiten bloß eine Entscheidung treffen?

Willkommen im Club!

Keine Sorge, so geht es den meisten Abiturient*innen. 12 Jahre Schule klingen lang, aber tatsächlich ist es so wenig Zeit, die eigenen Stärken und Interessen kennen zu lernen, für das Leben mit Familie und Freund*innen und sich Gedanken zu machen, was nach dem Abitur kommt.

Dafür versucht die Schule dich mit Informationsveranstaltungen zuzuballern, in denen du gefühlt alles über die 375.000.000.000 Jobs der Welt und deren passenden Studiengängen erfährst. Wenig überraschend hilft dir das nicht wirklich, weil du ja immer noch nicht weißt, wie du in diesem Jobdschungel eine Entscheidung treffen sollst. Und warum solltest du schon jetzt über den Job nachdenken? Erstmal kommt ja das Studium. Oder die Ausbildung? Oder erstmal ein Auslandsjahr? So viele Optionen machen die Entscheidung nicht gerade leichter.

Don't Panic! Hilfe ist nah!

Was du brauchst, ist ein Kompass. Ein Kompass, wie der von Jack – Verzeihung – Captain Jack Sparrow, der dir eine Richtung vorgibt. Ein Kompass, der dich zu dem Ziel führen wird, das du am meisten begehrst. Wie dieses Ziel aussieht, schwebt vielleicht noch im Nebel der Ungewissheit. Doch dein Kompass wird dir die Richtung weisen, in die du den ersten Schritt setzen musst. Und wenn du die Richtung kennst, in die du gehen musst, dann wird sich der weitere Weg schon finden.

Mit diesem Buch möchte ich dir einen solchen Kompass an die Hand geben und dir helfen, deinen Weg zu finden. Wir finden zusammen Schritt für Schritt heraus, was du nach dem Abitur mit deinem Leben anstellen willst. Bereit?

Kein Bravo-Test

Falls du dir erhoffst, dass dieses Buch wie ein Bravo-Test funktioniert – lest ihr Kids überhaupt noch die Bravo? – dann muss ich dich leider enttäuschen. Im Internet gibt es zahlreiche Test, die einem schon nach 10 Minuten verraten, was man denn mit seinem Leben anfangen könnte. Meinst du, das funktioniert so einfach? Ich auch nicht. Denn die Welt ist ein bisschen komplexer, als es diese Tests einen Glauben lassen möchten.

„Ach, du findest Zahlen ganz toll? Na, dann ist doch klar, was du machen solltest: studiere Mathematik auf Lehramt!" Aber vielleicht findest du Kinder ganz grauenvoll oder stehst nicht gerne vor einer Gruppe Menschen. Vielleicht bist du auch allergisch gegen Kreidestaub oder unser Bildungssystem. Das fragen diese Tests nicht ab und können dir deswegen auch keine zuverlässige Hilfe sein.

Kein Internetportal oder Onlinetest kann dir sagen, wie du dein Leben gestalten willst und ebenso wenig werde ich dir die Antwort auf dem Silbertablett präsentieren.

Besonders wichtig ist, dass du dich selbst immer wieder reflektierst, um dich besser kennen zu lernen. Wenn du deine Familie oder Freund*innen fragst, was für dich das Beste wäre, dann werden sie nie die für dich perfekte Antwort geben können, weil niemand dich so gut kennen kann, wie du selbst.

Du musst dich selbst in all deinen Interessen und Facetten kennen lernen und dann selbstständig eine Entscheidung für deinen Lebensweg treffen. Aber bei allem anderen werde ich dir helfen!

Über mich

Als ich vor vier Jahren mein Abitur machte, wunderte es mich, dass so viele meiner Mitschüler*innen große Probleme damit hatten, ihr weiteres Leben zu planen.

Mein eigener Weg lag mir damals sehr klar vor Augen: Ich wusste ab der 11. Klasse, dass ich nach dem Abitur ein Auslandsjahr machen würde und danach Wirtschaftspsychologie studieren wollte, damit ich anschließend im Personalwesen einer großen Firma arbeiten kann. Und Tatsache: Ich arbeitete acht Monate lang als Au Pair in Madrid und begann 2014 in Köln meinen Bachelor in „Psychology & Management" an einer Fachhochschule.

Ironischerweise habe ich mich am Ende des Studiums dann von meinem Plan, ins Personalwesen zu gehen, verabschiedet und bin genau dort, wo du jetzt stehst: Ich überlege, wie es weitergeht. Ich suche nach einem Masterstudiengang, der mir gefällt und sammle Berufserfahrung in einem hippen Start-up, in dem ich mich in unterschiedlichen Aufgaben ausprobieren kann. Ich habe mich davon gelöst, meine Zukunft langfristig planen und kennen zu müssen. Zu viel im Leben basiert auf Gelegenheit, Zufall und Glück. Gelegentlich schaue ich auf meinen Kompass und korrigiere meinen Kurs ein wenig, damit ich auf dem richtigen Weg bleibe. Fühlt sich gut an!

Psychologie, Baby!

Warum ich glaube, dir helfen zu können? Ich habe nun drei Jahre Psychology & Management studiert und dabei eine ganze Menge über uns Menschen gelernt. Die Themen, die in diesem Buch eine große Rolle spielen werden, sind Motivation und Entscheidungsfindung. Oder einfach ausgedrückt: Wie finde ich heraus, was ich will und bekomme dann meinen Arsch hoch?

Ich werde in diesem Buch an der einen oder anderen Stelle ein paar Theorien einfließen lassen, weil ich es sehr nützlich finde, die klugen Gedanken von anderen Menschen zu nutzen, um ein Problem zu lösen. Außerdem habe ich in der Psychologie meine Leidenschaft gefunden und könnte den ganzen Tag über nichts Anderes reden... Aber keine Sorge, ich halte es auf dem Minimum!

Das seitenwealzer-Team

Eventuell hast du schon bemerkt, dass mein Tonfall etwas lockerer ist. Das hier soll nämlich kein trockener Ratgeber sein, sondern auch ein bisschen Spaß machen. Ich bin seit 2013 im seitenwaelzer-Team und schreibe regelmäßig Artikel für seitenwaelzer.de. Was Robin Thier als Schülerzeitung gründete, ist mittlerweile ein studentisches Online-Magazin geworden mit über 20 Leuten, die unser Magazin mit Artikeln, Design und der nötigen Technik ausstatten. Auch dieses Buch würde es ohne unser Team nicht geben. An dieser Stelle schon ein dickes Dankeschön!

Das Ziel von seitenwaelzer ist es, jungen Menschen zu helfen, das Beste aus ihrer Zeit zu machen. Von Einblicken ins Studium, über Serientipps bis hin zur Kochrezepten schreiben wir über alles, was uns bewegt und interessant erscheint. Wir haben selbst vor Kurzem noch die Schulbank gedrückt und uns durch langweilige Broschüren und Informationsveranstaltungen gequält. Daher kommt auch unsere Motivation, dieses Buch zu schreiben und wir möchten dir und vielen anderen helfen.

Wie liest du dieses Buch?

Am besten liest du diesen Ratgeber chronologisch, aber wenn du schon genau weißt, wo dein Problem liegt, dann kannst du dir auch einzelne Kapitel vorknöpfen. Einige Kapitel werden von „Aufgaben“ begleitet, diese kannst du während des Lesens machen oder dich am Ende des Buches einen Nachmittag mit Tee und Keksen hinsetzen und am Stück durchgehen. Bei diesen „Aufgaben“ geht es darum, deine Gedanken zu sortieren, die dieses Buch aufwerfen wird. Im Anhang findest du alle vorgefertigten Blätter, damit du sie dir ausdrucken kannst. Alternativ kannst du natürlich auch ein Notizbuch nutzen - ganz wie du magst!

Dabei sollst du natürlich nicht das Gefühl haben, langweilige Hausaufgaben zu machen, sondern hoffentlich sogar Spaß dabei haben! Zudem helfen sie dir, das Chaos in deinem Kopf besser ordnen können.

WIE FUNKTIONIEREN DIE LINKS?

Ich habe dir an verschiedenen Stellen immer mal wieder hilfreiche Webseiten oder weitere Informationen verlinkt. Da du in einem Buch natürlich nicht einfach auf eine Verlinkung klicken kannst, hat jeder Link einen Code in der Form `[LK001]`. Du kannnst den Link aufrufen, indem du die Webseite

`https://seitenwaelzer.de/abi/links`

aufrufst und den Code dort eingibst. Dann nur noch mit Enter bestätigen und du landest direkt auf der richtigen Webseite.

Offline unterwegs? Du findest am Ende des Buches eine Tabelle mit allen Codes und Webseiten.

2. DIE WEGBESCHREIBUNG

Du bist vermutlich in dem Alter, in dem du niemals deinen Weg ohne Google Maps finden musstest: Ziel eingeben, Route finden, vielleicht noch mit Street View die Häuserfronten auschecken. Easy!

Damit es dir auch unfallfrei gelingt, deinen metaphorischen Weg zu finden, bekommst du nun eine Wegbeschreibung an die Hand. Wir gehen den Weg gemeinsam Schritt für Schritt ab und am Ende unserer Reise hast du hoffentlich deinen Plan. Auf der Grafik auf der nächsten Seite erwartet dich ein kurzer Überblick, was dich in den kommenden Kapiteln erwartet.

Dein Ziel
Vision
Interessen
Rahmenbedingungen
Deine Möglichkeiten
Gap-Year
Studium
Ausbildung
Duales Studium
Arbeiten
Deine Optionen
Vom Wunsch zur Realität
Finanzcheck
Deine Entscheidung
Die Hoffnung stirbt zuletzt
Die Qual der Wahl
Deine Reise
Bon Voyage!
Schick uns eine Postkarte

Dein Ziel: Werde dir klar, wohin die Reise gehen soll und aktiviere deinen Kompass. Dazu musst du dich besser kennen lernen, dir über deine Interessen, Leidenschaften und Träume bewusst werden, aber auch deine Grenzen und No-Gos entdecken.

Deine Möglichkeiten: Von der Traumwelt gehen wir in die Realität. Was bietet die Welt für Möglichkeiten? Was brauchst du für Informationen, um deinen Traum zu erfüllen? Wo bekommst du diese Informationen her? Und viel wichtiger: Wie findest du heraus, was zu deinen Interessen passt?

Deine Optionen: Bei deinen Recherchen wirst du einen Berg an coolen Ideen gesammelt haben. Nun wollen wir Ordnung in das Chaos bringen und dir einen Überblick verschaffen, wo du dich wann und wie bewerben musst. Dabei ist es wichtig, dass du im vorherigen Schritt genügend Möglichkeiten recherchiert hast, damit du im Notfall einen Plan B aus dem Ärmel schütteln kannst. Außerdem zeige ich dir, welche Möglichkeiten zur Finanzierung deiner Wünsche dir offenstehen.

Deine Entscheidung: Erst kommt das hoffnungsvolle Warten auf die Zusage und am Ende hat man die Qual der Wahl. Nun musst du eine Entscheidung treffen und damit steht dein Reiseplan.

Deine Reise: Bon Voyage, wo immer dein Weg dich auch hinführt, genieße die Reise! Schau' immer mal wieder auf deinen Kompass und bring dich auf Kurs, falls deine Route nicht mehr stimmig ist. Lass uns gerne an deiner Reise teilhaben und schicke uns Fotos, Mails oder Erlebnisberichte.

3. DEIN ZIEL

„Wenn man das macht, was einem Spaß macht, braucht man nie mehr arbeiten."

Warum solltest du bei deinen weiteren Entscheidungen über deine Interessen nachdenken? Du könntest ja auch einfach einen Beruf anstreben, der dir Sicherheit und ein gutes Gehalt verspricht. Oder du ergreifst den gleichen Beruf wie deine Eltern oder nimmst ihre Vorschläge an. Warum solltest du die folgenden Kapitel lesen und dir den Kopf darüber zermartern, wer du bist und was du willst, um dich dann durch den Informationsdschungel des Internets über Studiengänge und Ausbildungen schlagen?

Diese Fragen habe ich mir selbst gestellt, während ich dieses Kapitel schon zum dritten Mal umschrieb und dachte mir, dass ich einfach mal das Team frage, was sie darüber denken: „Warum sollte man seinen Lebensweg an den eigenen Interessen ausrichten?" Das waren die Antworten:

Wenn du etwas gerne tust, dann

...wird dir die Arbeit leichter fallen und nicht wie Arbeit vorkommen.

... bleibst du am Ball, auch wenn es mal schwierig wird.

... bleibst du gesund und munter und wirst nicht „krank" vor Arbeit.

... wirst du schneller lernen und dein Potenzial voll ausschöpfen.

... spielt Geld nur die Nebenrolle.

... wirst du ein glückliches Leben führen.

Ein Privileg

Es ist ein Privileg, dass wir uns unsere Berufswünsche nach unseren Interessen ausrichten können. Du musst dir keine Gedanken machen, OB du einen Job bekommst, weil die Arbeitslosigkeit, besonders für studierte oder gut ausgebildete junge Menschen sehr gering ausfällt und meist nur von kurzer Dauer ist. Insgesamt sind die Arbeitslosenzahlen in den letzten Jahren stetig gesunken und die Arbeitskräftenachfrage, insbesondere für Fachkräfte, stieg an. Natürlich ist das keine Garantie, dass du später deinen absoluten Traumjob haben wirst und wenn dir ein sicherer Job wichtig ist, solltest du das in deiner Wahl berücksichtigen. Du musst nicht deinen Traumjob anstreben, der dich glücklich macht. Aber du kannst es, weil dir alle Türen offenstehen. Und ich sage dir: Du solltest. Weil das ein verdammt geiles Privileg ist, das du hast. Vielen anderen Menschen auf dieser Welt bleibt so viel Freiheit noch verwehrt.

Hauptsache du bist glücklich

Halten wir also fest, wir suchen nicht nur eine Antwort auf die Frage „Abi ...und dann?", sondern diese Antwort sollte dich auch noch glücklich und zufrieden machen. Ohne in hochphilosophische Gedanken abzuschweifen, was denn Glück überhaupt ist, habe ich stattdessen den Psychologen Frederick Herzberg herangezogen, um über Zufriedenheit im Beruf zu reden.

Denn darauf wird es hinauslaufen: Nach dem Abitur wirst du dich mit Ausbildung oder Studium auf das Berufsleben vorbereiten, um nach erfolgreichem Abschluss ins Arbeitsleben zu starten. Für die nächsten drei bis sieben Jahre wird es dein „Job" sein, dich auf deine kommenden Berufe vorzubereiten.

Schauen wir uns also an, woher die Zufriedenheit im Arbeitsleben kommt: Der gute Herr Herzberg hat sich überlegt, dass es zwei Faktoren in unserer Arbeit gibt, die uns zufrieden machen. Zum einen die Motivatoren und zum anderen die Hygienefaktoren.

Die Motivatoren beziehen sich auf den Inhalt der Arbeit. Was sind deine Aufgaben? Womit beschäftigst du dich? Wie groß ist dein Aufgabenspektrum? Empfindest du deine Aufgaben als sinnvoll? Sind die Aufgaben von Bedeutung für dich? Diese Motivatoren bestimmen, ob du zufrieden oder nicht zufrieden bist.

Die Hygienefaktoren beziehen sich auf die äußeren Rahmenbedingungen und Umstände. Wie ist dein Arbeitsumfeld gestaltet? Wie ist die Stimmung unter den Kolleg*innen? Wie behandeln dich deine Vorgesetzten? Wie viel Gehalt bekommst du? Wie viel Freizeit hast du? Wie flexibel kannst du deine Arbeitszeit einteilen? Die Hygienefaktoren bestimmen, ob du unzufrieden oder nicht unzufrieden bist.

Das Besondere an diesem Modell: Ein Job macht nicht zufrieden oder unzufrieden, sondern der Inhalt der Arbeit bestimmt, ob wir zufrieden sind oder nicht und die Rahmenbedingungen bestimmen, ob wir unzufrieden sind oder nicht.

Motivatoren

zufrieden —— nicht zufrieden

Hygienefaktoren

nicht unzufrieden —— unzufrieden

Ebenfalls interessant: Diesem Modell nach ist es nicht das Geld, das uns zufrieden stellt. Es ist lediglich ein Hygienefaktor, der dafür sorgt, dass wir nicht unzufrieden sind. Aber um wirklich zufrieden mit unserer Arbeit zu sein, muss der Inhalt interessant, abwechslungsreich und sinnvoll sein.

Vielleicht hattest du in der Schule diese super lässige Sportlehrerin, bei der du immer chillen konntest und du fandst das ganz cool und entspannt, aber irgendwie auch langweilig? Im Vergleich dazu musstest du in deinem Lieblingsfach ganz schön ranklotzen, um mit dem Stoff hinterher zu kommen, aber das hat dich eigentlich nicht gestört, weil du dich gerne damit beschäftigt hast? Es waren die Inhalte, die dich motiviert haben und dir ein Gefühl von Zufriedenheit gegeben haben.

Was sagt uns das?

Wenn du in deinem Berufsleben zufrieden sein möchtest, dann sollten dich die Inhalte und Tätigkeiten interessieren. Du musst dir denken, „Geil, ist das interessant. Ich könnte mich den ganzen Tag damit beschäftigen!“ Auf der anderen Seite darfst du aber auch die Rahmenbedingungen nicht vergessen, unter denen du arbeiten möchtest.

Es ist dir wichtig, dass du einen sicheren Job hast? Oder du möchtest viel Geld verdienen? Alles klar! Wir müssen nicht alle flammende Aktivisten bei Greenpeace werden und auf einem illegalen Tanker vor der japanischen Pazifikküste die Wale retten. Deswegen werden wir sowohl über deine Interessen reden, als auch über die Rahmenbedingungen deines weiteren Lebens. Dieser Punkt wird besonders bei der Entscheidung „Studium oder Ausbildung“ wichtig sein.

Finde deine Vision

Stell dir vor: Eine Fee kommt zu dir und gewährt dir einen Wunsch! Allerdings soll es nicht irgendein Wunsch sein, sondern dein Berufswunsch. Sag ihr, wie dein absoluter Traumjob aussehen würde und sie erfüllt ihn dir. Welchen Wunsch nennst du ihr? Lass deinen Gedanken einfach freien Lauf. Du darfst alles träumen, ohne das fiese Nörgeln der Realität.

Willst du in der Oberliga der Anwaltskanzleien in New York mitmischen? Willst du einen Online-Shop für Vintage-Kleidung führen? Möchtest du dein eigenes Café in einer idyllischen Kleinstadt eröffnen?

Deine Fee – Dein Traumjob!

Mein Traum sieht zum Beispiel so aus: Ich will die Welt bereisen und beruflich ganz viel ausprobieren. Egal ob Start-up oder Konzern, ich möchte mit Leute arbeiten, die innovativ und cool sind und sich nicht mit albernen Krawatten und Kostümen aufhalten. Ich möchte auch versuchen, mich selbstständig zu machen und mein eigenes Unternehmen zu gründen. Der gemeinsame Nenner wird dabei immer die Psychologie sein, denn ich weiß, dass das meine Leidenschaft ist, für die ich brenne.

Finde deine Interessen

„Und du bist 21, 22, 23 und du kannst noch gar nicht wissen, was du willst.“ - AnnenMayKantereit

AnnenMayKantereit besingen das viel geteilte Problem junger Menschen Anfang 20: Wir wissen nicht, was wir wollen. In unserem Job, in unserer Beziehung, in unserem Leben.

Und du bist 16, 17, 18 und sollst mal eben so entscheiden, was du nach 12 Jahren Schule mit deinem Leben anstellen sollst. Dabei kennst du dich selbst doch noch gar nicht.

„Hä? Natürlich kenne ich mich!“, denkst du dir vielleicht empört. Aber Hand aufs Herz: Bisher hattest du relativ wenige Möglichkeiten, dich in unterschiedlichen Themen auszutoben und das Schulsystem lädt auch nicht immer zur Selbstreflexion ein.

Dennoch bist du natürlich ein ganz individueller Mensch mit Hobbies, Interessen und persönlichen Erfahrungen. Durch Nachdenken und Reflektieren über dich selbst lernst du, wer du bist und was du willst. Ebenfalls hilfreich ist es, dich in neue Situationen zu bringen, um neue Erfahrungen zu sammeln. Aber fangen wir erst einmal mit der Selbstreflexion an.

Selbstreflexion

Was wollen wir denn überhaupt über dich wissen? Es soll hierbei nicht um deine Lieblingsfarbe gehen oder welches dein Lieblingsspielzeug im Kindergarten war, sondern um Leidenschaften und Interessen. Auch eine komplette Persönlichkeitsanalyse wäre an dieser Stelle ein wenig zu komplex, als dass wir darauf eingehen könnten. Ich habe mir ein paar Fragen überlegt, mit denen wir herausfinden können, wo deine Interessen liegen.

Hol dir je nach Jahreszeit eine kühle Limo oder einen heißen Tee, setz dich mit Stift und Papier hin und beantworte ganz in Ruhe die nachfolgenden Fragen. Die ersten Fragen werden sich um Schulfächer drehen, weil es dir vermutlich einfach fallen wird, diese zu beantworten. Aber die anschließenden Fragen beziehen sich auf dein gesamtes Leben. Du darfst alles, was du in deinem Leben machst, für deine Antwort bedenken. Du verbringst deinen Tag am liebsten vor der Spielekonsole? Schreib' es auf! Es gibt hier keine falschen Antworten. Und du kannst natürlich auch immer mehrere Antworten geben.

Deine Lieblingsfächer

1. Was ist dein Lieblingsfach? Und was begeistert dich an diesem Fach?

2. Worüber würdest du gerne mehr erfahren und lernen?

3. Bei welchem Fach kannst du dich am wenigsten konzentrieren? Und warum?

4. Welches Fach fühlt sich an, als würde die Stunde plötzlich 678 Minuten haben?

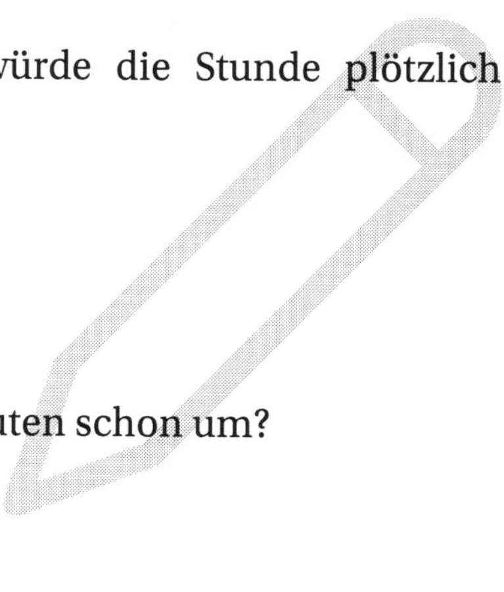

5. Welches Fach ist gefühlt nach 15 Minuten schon um?

6. Stell dir vor, du dürftest einen ganzen Schultag selbst gestalten: Was für Fächer stünden auf deinem Stundenplan?

Deine Hobbys

7. Was hast du für ein Hobby? Und was daran macht dir besonders Spaß?

8. Wie sieht für dich ein perfekter Tag aus?

9. Wann hast du so richtig Langeweile?

10. Gibt es Tätigkeiten, bei denen du völlig die Zeit vergisst? Was machst du dann gerade?

11. Welche Tätigkeiten versuchst du, unter allen Umständen zu vermeiden? Was ist so schlimm an ihnen?

12. Wenn du dir deinen YouTube- oder Snapchatverlauf anschaust: Welche Themen wiederholen sich immer wieder?

13. Wenn du ein richtig spannendes Gespräch hattest: Worüber hast du geredet?

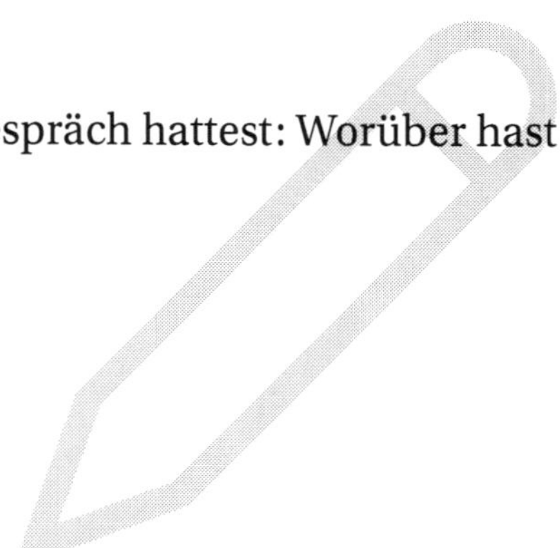

14. Stell dir vor, du gehst in ein Einkaufszentrum: In welchem Laden findet man dich?

Deine Stärken

15. Was kannst du besonders gut? Woran merkst du, dass du gut darin bist?

16. Was kannst du überhaupt nicht? Woran merkst du, dass du es nicht kannst?

17. Was kannst du noch gar nicht, aber würdest es gerne lernen? Warum hast du es noch nicht gelernt?

Deine Leidenschaft

18. Wann warst du im letzten Jahr so richtig stolz auf dich selbst? Warum warst du so stolz?

19. Wann warst du im letzten Jahr so richtig frustriert? Warum warst du so frustriert?

20. Wenn du ab morgen nur lernen dürftest, was dich wirklich interessiert, wie sähe dein Tag aus?

Wohin zeigt dein Kompass?

Ist dir bei der Beantwortung der Fragen schon ein Muster aufgefallen? Um dieses Muster deiner Lieblingsthemen und Hobbies besser zu erkennen, kannst du sie nun in die folgenden Kategorien einordnen und schauen, wo die stärkste Ausprägung liegt.

Zeichne bei jeder Kategorie dein Interesse nach eigener Einschätzung ein und verbinde die Punkte. Jetzt kannst du Tendenzen in bestimmte Richtungen sehr übersichtlich sehen - je weiter außen, desto mehr interessierst du dich für das Thema.

Lies auf den nächsten Seiten, was die Kategorien genau bedeuten.

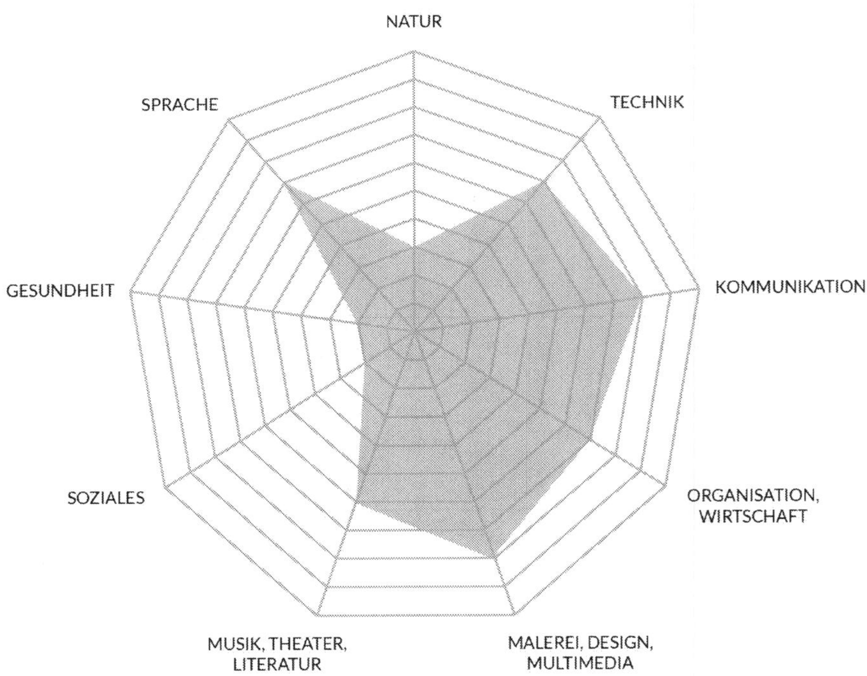

BEISPIEL

Die Kategorien habe ich mir ganz frech aus einem anderen Test geklaut, den ich im nächsten Abschnitt erwähne.

Natur

Du findest Pflanzen, Tiere und Steine total spannend. Du willst jedes Molekül und Atom auf dieser Welt verstehen, die Welt vor dem Ozonloch retten und dir Bazillen unter dem Mikroskop anschauen. Kurzum: Die Naturwissenschaften sind deine Leidenschaft.

Technik

Roboter basteln und kaputte Toaster reparieren findest du cool? Du hast keine Angst davor, einen Elektroschock von deinem selbstgebastelten Stromkreislauf zu bekommen? Oder möchtest du viel lieber Softwareprogramme schreiben? Cool! Dann ist die Technik wohl was für dich.

Kommunikation

Du redest gerne mit Menschen? Du findest Fremdsprachen einfach super? Zeitung, Radio, Instagram, Twitter, Snapchat - völlig egal! Hauptsache Wort und Schrift sind Mittelpunkt des Geschehens.

Organisation, Wirtschaft

Die Wirtschaft - ein Kosmos mit Zahlen, Geschäftsbriefen, Steuern und Menschen. Organisiert du gerne Partys oder Reisen? Fragst du dich manchmal, warum Menschen so viel Zeug kaufen? Willst du wissen, wie der neueste Schuhtrend in die Regale kommt? Willkommen in der Wirtschaft!

Malerei, Design, Multimedia

Du zeichnest gerne, interessierst dich für das Design von Werbeplakaten/Schuhen/Küchenuhren und machst dir Gedanken über

Farben, Muster und Formen? Dann bist du wohl gerne gestalterisch-kreativ unterwegs.

Musik, Theater, Literatur

Dein Leben ist eine Bühne! Musik, Tanz, Literatur - es geht dir um dramatische Darstellungen „von Liebe und so schönen Dingen mit Worten, die fantastisch klingen". Du lebst dich gerne kreativ aus und schaust dir auch gerne kreative Werke anderer Menschen an. Dann finde deinen Weg zu den schönen Künsten!

Sprache

Du liebst die Welt der Worte? Du fragst dich, wo Worte ihren Ursprung haben, wie Sprachen zusammenhängen und wie wir miteinander kommunizieren? Dann schau dich mal um, was dein (Fremd-) Sprachentalent anspricht.

Gesundheit

Wie können Menschen gesünder leben? Wie kann man Krankheiten und Gebrechen heilen oder im besten Fall sogar vorbeugen? Wie reagiert unser Körper auf schlechte Einflüsse aus der Umwelt? Wie kann ich Menschen helfen, sich wohler in ihrem Körper zu fühlen? Findest du das interessant?

Soziales

Hast du Freude am Umgang mit Menschen? Du möchtest Menschen helfen und zwar im direkten Umgang? Oder du bringst Kindern und Jugendlichen gerne etwas bei? Die Interaktion mit Menschen steht für dich im Mittelpunkt und macht dir Spaß?

Ganz wichtig: Deine Interessen werden sich über mehrere, vielleicht sogar alle Kategorien verstreuen. Aber vielleicht erkennst du ein oder zwei Kategorien, die auf besonders viele deiner Antworten passen.

DEIN KOMPASS

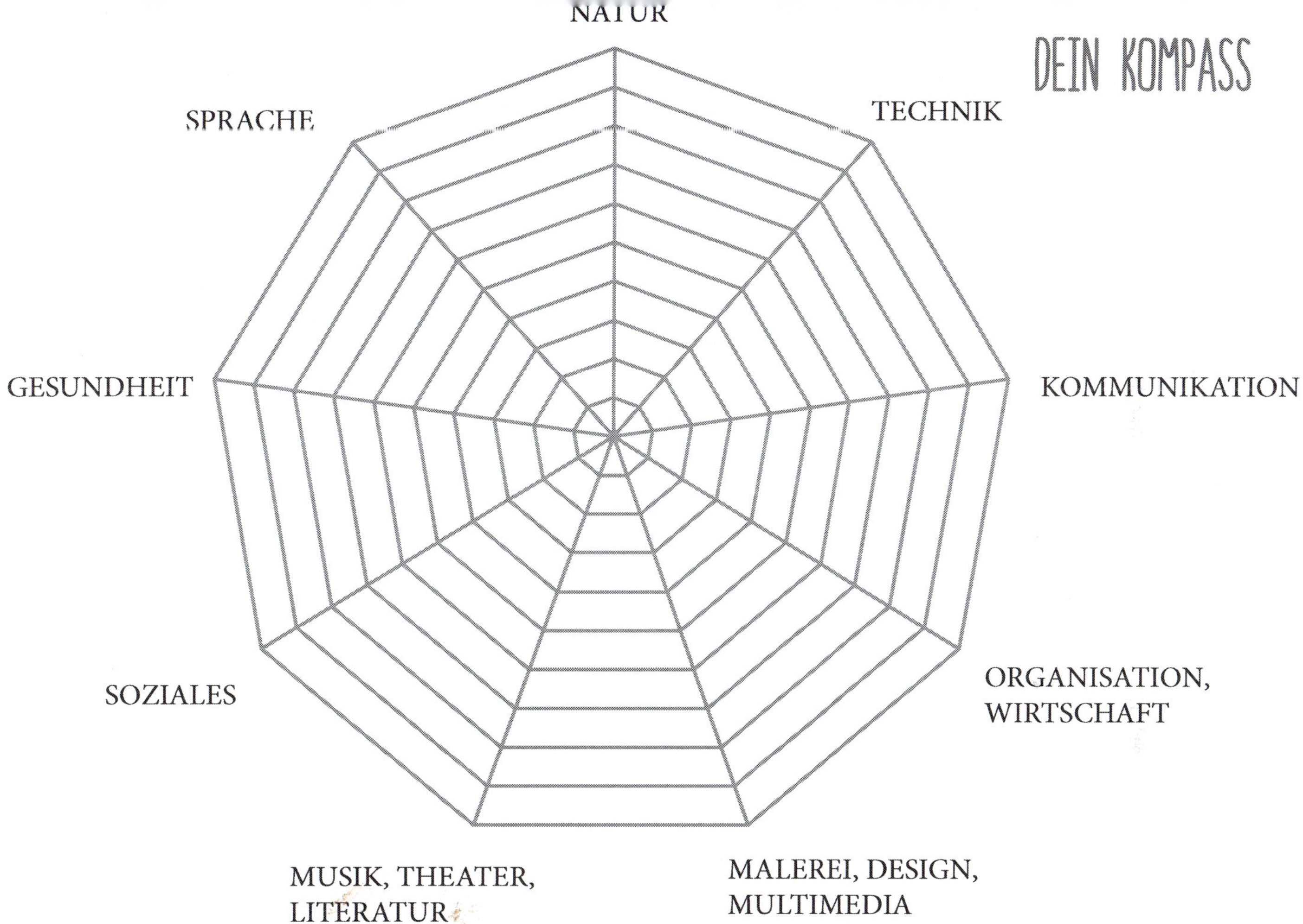

„Kategorienkinder“

Die Welt, und auch die Berufswelt, ist allerdings längst nicht so trennscharf wie diese Kategorien. Viele deiner Interessen kannst du bestimmt in mehrere Kategorien packen, nicht wahr? Wenn du zum Beispiel gerne einen Tanzkurs leitest, dann hast du Spaß am Tanz selbst, aber auch daran andere zu unterrichten. Ich nenne diese Mischform liebevoll “Kategorienkinder”.

Warum ist es wichtig, dass du diese Vernetzung der Kategorien und deiner Interessen erkennst und zulässt? Weil du nicht in eine Schublade gesteckt werden sollst. Nur weil du gerne mit Kindern arbeitest, musst du nicht auf Lehramt studieren. Und nur weil du gerne mit Kindern arbeitest, heißt das auch nicht, dass das deine anderen Interessen automatisch ausschließt. Wenn du zum Beispiel dich ebenfalls brennend für Technik interessierst, dann könntest du computerbasierte Lernprogramme für Kinder entwickeln. Suche nach Schnittstellen zwischen deinen Interessen, die am stärksten ausgeprägt sind und du wirst dich immer mit Themen beschäftigen an denen du Spaß hast.

Der Bravotest

Wie ich am Anfang schon sagte: Es gibt leider keinen Bravotest, der dir zuverlässig sagen wird, was der richtige Beruf/Studiengang/Lebensweg für dich ist. Aber es gibt viele Tests, die dir helfen können, dich besser kennen zu lernen und dich vielleicht in eine Richtung stupsen können. Ich habe bei meinen Recherchen ein paar Tests gefunden, die ich selbst ausprobiert habe und werde sie dir zu den passenden Kapiteln verlinken.

Hier ein Interessenstest für Maturant*innen (also Abiturient*innen). Er richtet sich an Schüler*innen, die die Matura (Abitur in Österreich) abschließen. Das Ergebnis des Tests sind deine Punkte, die dir zeigen, wie stark du an einem Studienfeld interessiert bist [LK001].

Falls du eher deine praktischen Interessen herausfinden möchtest, dann solltest du lieber den folgenden Test machen. Dabei wird dein Interesse für praktische Tätigkeiten abgefragt und ebenfalls nach Punkten bewertet: [LK002].

Beide Tests sollen dir zeigen, in welche Richtung du dich mehr informieren könntest, um ein Studium oder eine Ausbildung in diesem Interessenfeld zu finden. Einziger Nachteil: Das Design ist sowas von 1995...

Diese ganzen Tests, Gedankenspielereien und Fragen helfen dir, dich selbst besser kennen zu lernen. Wo liegen deine Interessen? Was sind deine Präferenzen? Mit welchen Inhalten möchtest du deine Zeit verbringen? Denn denk dran: Bald musst du nicht mehr die Schulbank drücken und du kannst vollkommen frei entscheiden, was du danach mit deinem Leben anstellst! Also sorg‘ dafür, dass du dich nicht langweilen wirst!

Finde deine Rahmenbedingungen

Du machst dein Hobby zum Beruf und lebst glücklich und zufrieden bis an dein Lebensende. Klingt gut, oder? Ich fürchte, so einfach ist es leider nicht. Dafür sind unsere Welt und unser Dasein als Mensch zu komplex. Wie die Theorie von Herzberg erklärt, gibt es zwei Faktoren, die stimmig sein müssen, damit wir langfristig zufrieden sind. Über die Motivatoren, also die Inhalte und Interessen, haben wir gerade geredet. Nun kommen wir zu den Rahmenbedingungen, also den äußeren Umständen, unter denen wir unserer Tätigkeit nachgehen.

Wenn du nun herausgefunden hast, dass du auf jeden Fall im sozialen Bereich arbeiten möchtest mit dem Fokus auf Jugendarbeit, dann stellt sich nun die Frage: Wie soll sich diese Arbeit und deine Ausbildung dorthin gestalten? Möchtest du die Probleme der Jugendlichen wissenschaftlich erforschen oder möchtest du ganz praktisch mit den Jugendlichen im Alltag arbeiten? Möchtest du in einer kleinen Jugendeinrichtung auf dem Dorf mit nur einer Handvoll Kolleg*innen arbeiten oder möchtest du lieber an ein großes Institut?

Natürlich können sich deine Antworten auf diese Fragen im Laufe deines Lebens ändern, doch wir können zumindest über deine Präferenzen sprechen und schauen, welche Rahmenbedingungen absolut wichtig sind, damit du auf Dauer nicht unzufrieden wirst.

Auch hier habe ich wieder ein paar Fragen für dich, die du ganz in Ruhe für dich selbst beantworten kannst. Denke wieder daran: Es gibt kein richtig oder falsch! Es geht lediglich darum, dich selbst besser kennen zu lernen und Unzufriedenheit und Frust bei deinen Ausbildungs- und Berufsentscheidungen schneller zu verstehen oder am besten ganz zu vermeiden. Die Fragen zielen darauf ab, unter welchen Umständen du am besten arbeiten kannst und dich wohlfühlst.

Der perfekte Unterricht

1. Wie muss eine Unterrichtsstunde gestaltet sein, damit du so richtig produktiv arbeitest?

2. Welche Arbeitsform gefällt dir am besten: Stillarbeit, Gruppenarbeit oder Hausarbeit? Und warum?

3. Wann hast du gar keine Lust, deine Aufgaben zu machen, egal wie interessant das Thema ist?

4. Unter welchen Umständen kannst du nicht einmal in deinem Lieblingsfach Top-Leistungen erbringen?

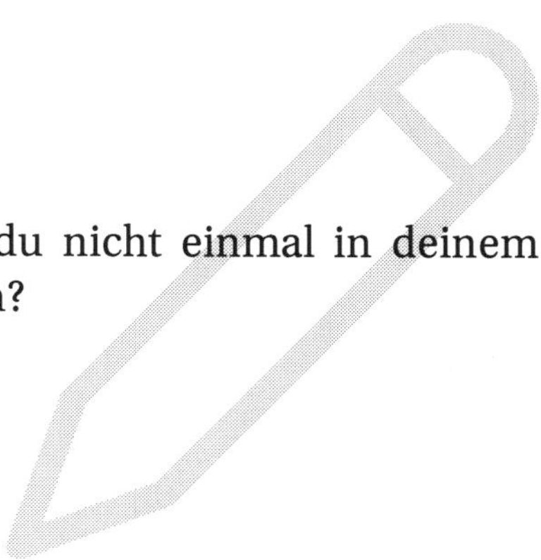

5. Wie würdest du selbst einen Schultag organisieren, um richtig produktiv zu sein?

6. Wann würdest du deinen Tag anfangen, wann aufhören?

7. Mit wem arbeitest du gerne zusammen?

8. Wo arbeitest du am liebsten?

Der Ort

Nun denken wir einen Schritt weiter: Du willst nun eine Ausbildung machen oder studieren. Wo würdest du das gerne machen?

9. Willst du die Welt erkunden oder doch lieber in der Nähe deiner Eltern bleiben?

10. Bist du gern am Meer? In den Bergen?

11. Bist du lieber in kleinen Orten oder in großen Städten?

Geld und Sicherheit

12. Was für einen Lebensstil möchtest du später führen?

13. Würdest du dich wohl dabei fühlen, während des Studiums finanziell abhängig zu sein von BAföG (siehe Kapitel 5), deinen Eltern oder einem Kredit?

14. Wie wichtig ist dir der finanzielle Aspekt eines Berufs? Steht bei dir Geld oder Interesse an der Arbeit an erster Stelle?

15. Wie wichtig ist dir ein fester, sicherer Arbeitsplatz?

16. Möchtest du lieber für eine Firma arbeiten oder dich selbstständig machen?

Hier haben wir allerdings ein Problem: Viele dieser Fragen kannst du vermutlich noch nicht mit Sicherheit beantworten. Woher sollst du wissen, ob du es aufregend findest, in der Welt herumzureisen, wenn deine weiteste Reise bisher zu den Balearen oder zur Nordsee ging? Mit deinen Eltern...

Gibt es Aspekte, die dir besonders Bauchschmerzen bereiten? Findest du zum Beispiel den Gedanken, den Rest deines Lebens an einem Schreibtisch zu sitzen, unerträglich? Dann schreibe es auf und beachte diesen Punkt bei deinen weiteren Entscheidungen.

Niemand zwingt dich, ein Leben zu führen, das dir nicht gefällt.

Nieder mit den Stereotypen!

Wenn du über deine tiefsten Träume und Leidenschaften nachdenkst, dann lass dich nicht einschränken! Auch nicht von Stereotypen. Krankenpflege ist ein Frauenberuf? Kfz-Mechatronik ist nur was für Männer? Wir schreiben das 21. Jahrhundert und so langsam sollte uns klar sein, dass es keine reinen „Männer- und Frauenberufe" mehr gibt. Es gibt kaum einen Job, für den es wirklich eine Rolle spielt, ob du Männlein, Weiblein oder Einhorn bist. Es gibt wirklich nur wenige Ausnahmen, bei denen dein Geschlecht eine Rolle spielt. Falls du katholischer Priester werden willst, solltest du nach Möglichkeit einen Penis haben. Aber bei allen anderen Berufen hängt dein Können nicht von dem ab, was zwischen deinen Beinen hängt - oder eben nicht hängt. Solange du die anderen Anforderungen wie Bildung, soziale Fähigkeiten und Lernbereitschaft mitbringst, kannst du jeden Beruf ergreifen.

Busting Myths

Wir haben dank halbwissenschaftlicher Bücher und fehlinterpretierter Forschungsergebnisse eine Menge blödsinnige Annahmen in unseren Köpfen, die unsere Entscheidungen beeinflussen. Wir nehmen also einen Sachverhalt an, ohne diesen zu hinterfragen und richten unser Handeln darauf aus. Das kann fatale Folgen für uns haben! Stell dir vor, du verfehlst deinen Traumjob, weil du aufgrund einer falschen Annahme eine falsche Entscheidung triffst!

Hier ein paar gängige Mythen, die vielleicht auch dein Weltbild formen:

Männer sind intelligenter

Intelligenz ist das wohl missverstandenste psychologische Konstrukt, das in unserem Volksmund die Runde macht. Nicht mal die Psychologie ist sich ganz einig, was Intelligenz umfasst und wie man sie misst. In jedem Fall konnten keine Geschlechterunterschiede festgestellt werden. Intelligenz wird durch die Gene der Eltern und die Umwelteinflüsse während der Kindheitsentwicklung bestimmt.

Männer sind besser mit Technik und Zahlen

Niemand wird mit der Fähigkeit geboren einen Taschenrechner zu bedienen oder Raketenflugbahnen zu berechnen. Genauso werden Frauen nicht mit einem "Haushaltsgen" geboren, und können magischerweise kochen und putzen ohne, dass es ihnen beigebracht wurde. Klar ist auch: Was wir oft üben, das können wir besser. Wenn du schon als Kind mathematische Rätsel gelöst oder Kuchen gebacken hast, dann werden dir diese Aufgaben immer leicht fallen.

Frauen wollen keine Karriere machen

Eigentlich wollen Frauen nämlich in erster Linie Mütter werden und damit hat sich ihre Karriere erledigt. Klingt total veraltet? Ist es auch! Aber dennoch ist es für Mütter noch immer schwierig, Kinder und Karriere unter einen Hut zu bringen. Die Mutterzeit wird bestraft mit dem Verlust von Verantwortung und Aufstiegschancen, denn befördert werden in den meisten Firmen immer noch die, die möglichst viel arbeiten. Dass eine Mutter nicht immer Überstunden schieben, aber trotzdem einen guten Job machen kann, wird in diesem System nur sehr selten berücksichtigt.

Aber auch für die Männer kann dieses altmodische Familien-Karriere-Bild eine Last sein. Erst langsam setzt sich in Firmen die Norm der Elternteilzeit für Männer durch. Wenn du den Wunsch hast, mit deinen Kindern Zeit zu verbringen, dann lass dir dieses Recht nicht nehmen - auch nicht als Mann!

4. DEINE MÖGLICHKEITEN

Hast du nun eine ungefähre Ahnung, in welche Richtung es gehen soll? Top! Nun reden wir mal darüber, was man in der Realität machen kann. Vielleicht weißt du schon, dass eine soziale Arbeit für dich in Frage kommt, aber die Möglichkeiten in diesem Feld sind unzählig! Es gibt zahlreiche Studiengänge und Ausbildungen im sozialen Bereich, die alle „was mit Menschen" machen. Ebenfalls könntest du mit einem freiwilligen sozialen Jahr in die Praxis schnuppern oder wie wäre es mit einem Auslandsjahr, um völlig neue Welten zu entdecken?

Deine eigene Route

In den folgenden Kapiteln erläutere ich die verschiedenen Alternativen, die du nach dem Abitur hast. Diese Möglichkeiten kannst du wie Inseln in einem großen Ozean sehen. Schwimm zu den Inselchen, die dir schön vorkommen und bleibe, solange es dich glücklich macht. Du musst dich nicht für eine einzige Insel entscheiden. Entweder Ausbildung ODER Studium? Das ist Blödsinn! Du kannst in deinem Leben auch beides machen. Eine Auszeit im Ausland ist vor, während und nach dem Studium möglich, sofern du es gerne so hättest. Lass dir nichts einreden von Leuten, die sagen „Du kannst doch nicht...". Doch du kannst! Du kannst deine Reiseroute so gestalten, wie du das gerne hättest. Es gibt ohnehin nicht „DEN" Ausbildungsweg und schon gar nicht „DEN" Lebensweg.

Wir wollen für dich nun die erste Insel finden, zu der du nach einer langen Zeit auf dem immer gleichen Festland aufbrechen kannst. Denke dabei wieder an den Kompass: Er soll dir die Richtung weisen, in die du aufbrechen sollst – sonst läufst du Gefahr, im Kreis zu schwimmen und an den immer gleichen Inseln zu stranden, ohne dein eigentliches Ziel zu erreichen.

Den Überblick behalten

Als erstes gebe ich dir eine Übersicht der gängigen Möglichkeiten nach dem Abitur. Vielleicht hattest du einige davon noch gar nicht auf dem Schirm. Anschließend werde ich auf die einzelnen Optionen näher eingehen, Zweck und Ziele erklären und Vor- und Nachteile aufzeigen. Mache dich auch gefasst auf ein feuriges Plädoyer für das Gap Year, also eine Auszeit zwischen Abitur und Studium bzw. Ausbildung. Ich bin der absoluten Überzeugung, dass es jungen Menschen, die frisch von der Schulbank kommen, gut tut, zu völlig unbekannten Ufern aufzubrechen, einmal auf sich allein gestellt zu sein und sich selbst zu überraschen, zu was man fähig ist - oder woran man scheitert.

Gap Year abroad? Go for it!

Meine spanische Gastmutter war eine unfassbar anstrengende Frau mit ebenso anstrengenden Kindern. Acht Monate lang habe ich unter ihrem Dach gelebt und nicht viel mehr gemacht, als zu bügeln und den Abwasch zu erledigen. Statt, wie eigentlich gewünscht, mit den Kindern Deutsch zu reden, habe ich mich die meiste Zeit gelangweilt und mir Vorwürfe angehört, ich würde nicht mit den Kindern reden.

Aber mein zaghafter Versuch, ihr zu erklären, dass ein neun-jähriger Junge nicht sonderlich erfreut ist, in der furchtbar schwierigen deutschen Sprache zu sprechen, wenn er gerade ein sehr viel spannenderes iPad in den Händen hält, wurden nicht gehört. Also habe ich die Vorwürfe geschluckt und mich mies gefühlt, weil ich meinen Job nicht gut machte. „Dabei bin ich doch selbstbewusst!", dachte ich mir, weil mir das immer alle gesagt haben. Jetzt war ich aber gar nicht mehr so selbstbewusst, weil ich Angst davor hatte, was passieren würde, wenn ich Big Boss Mama kritisieren würde.

Kurz bevor mein Aufenthalt bei der Gastfamilie vorbei sein sollte, passierte genau das, wovor ich Angst hatte: Ohne, dass ich etwas falsch gemacht hätte, wurde ich vorzeitig entlassen. Um „Geld zu sparen“, wie mir die Frau mit dem dicken SUV und den Privatschulkindern erklärte. Danke dafür!

Always look on the bright side

Doch es stellte sich heraus, dass dieser Rückschlag das Beste war, was mir passieren konnte! Ich fand zwei herzallerliebste Couchsurfer*innen, die mich für ein paar Tage aufnehmen wollten und aus ein paar Tagen wurden zwei Wochen. Julia und Pablo sorgten dafür, dass ich Spanien mit einem Gefühl von Herzlichkeit und Wärme zu verbinden begann, das bis heute anhält.

Gelernt habe ich daraus: Ich verharre nicht mehr in einer Situation, die mich tief unglücklich macht, nur weil ich Angst davor habe, dass es vielleicht noch schlimmer werden könnte. „Wenn es besser werden soll, muss es zunächst anders werden“, hat irgendein kluger Mensch mal gesagt und mein Gap Year wurde nach der unvorhergesehenen Kündigung definitiv besser!

Dank meiner anschließenden Reise durch Spanien und der zahlreichen Lehren, die ich aus meinem Au-Pair-Jahr gezogen habe, war mein Gap Year insgesamt eine absolut großartige Erfahrung und ich würde mich jederzeit wieder so entscheiden!

Die eigenen Grenzen kennen lernen

So ein Auslandsjahr wird nicht immer Friede-Freude-Eierkuchen sein. Vielleicht erlebst du Abenteuer, siehst atemberaubende Landschaften und lernst fantastische Menschen kennen, die dir als Freunde erhalten bleiben, wenn du längst zurück in Deutschland bist. Vielleicht kommt auch alles anders, als du denkst. In jedem Fall lernst du dich besser kennen.

Wir haben schon darüber gesprochen, wie wichtig es ist, dich selbst zu kennen, damit du die richtigen Entscheidungen für dein Leben triffst. Du wirst dich in Situationen wiederfinden, die dich an deine Grenzen bringen und dir zeigen, wer du wirklich bist.

Ich dachte immer, ich wäre total selbstbewusst. Doch wenn ich mich mit schwierigen Vorgesetzten konfrontiert sehe, dann lasse ich mich leicht runtermachen. Das ist gut zu wissen, denn beim nächsten Mal werde ich mich daran erinnern und mir Hilfe holen, um mein Selbstbewusstsein auch in dieser Situation als Schutzschild vor Gemeinheiten und Ungerechtigkeit nutzen zu können.

Außerdem werden dich diese Grenzerfahrungen entspannter machen für das, was kommt. Du hast schon eine Kuhherde bei aufziehendem Unwetter durch die australische Prärie geführt? Wie schwer kann dann bitte noch der Kurs „Mathematische Grundlagen 1" erscheinen?

Nicht für die Schule lernt man...

Ich glaube, die wichtigste Lektion für dich wird sein: Du bist nun für dich selbst verantwortlich. Du bist auch dafür verantwortlich, dass du ein tolles Auslandsjahr hast und die Zeit genießt. Wenn es Probleme und Schwierigkeiten gibt, dann musst du sie lösen. So viel Eigenverantwortung hattest du bisher noch nicht und nun hast du eine Spielwiese, auf der du dich ausprobieren kannst. Denn was genau du in deinem Auslandsjahr machst, spielt nicht so wirklich eine Rolle. Es gibt keine Noten und keine Zeugnisse. Es gibt nur deine Erinnerungen und deine Learnings. Du wirst viel über dich selbst lernen, wie die Welt funktioniert und natürlich auch ganz handfeste Skills. Egal ob Sprachen, Bügeln oder Kiwis pflücken. Du lernst neue Fertigkeiten, die dir vielleicht - vielleicht auch nicht - im späteren Leben von Nutzen sein werden.

Chill, Baby!

Gönn' dir einfach mal eine Auszeit, bevor du schon wieder irgendeine Schulbank drücken musst.

Klar kannst du auch später noch immer ins Ausland, aber du kannst auch einfach jetzt chillen und das Leben genießen! Surfen im Pazifik oder Wandern in der Toskana - egal wo es dich hinzieht, du wirst Tolles erleben und noch Jahre später in Erinnerungen schwelgen können.

Du hast Schiss vor Heimweh? Es muss auch kein komplettes Jahr sein - ein paar Monate gehen auch. Ebenso wenig musst du an die andere Seite des Planeten. Wenn du in Europa bleibst, kannst du in wenigen Stunden zu Hause sein, ohne Unsummen zu bezahlen - oder deine Liebsten besuchen dich einfach!

Such dir einen Job!

Versuche dir, einen Geldpuffer zu schaffen und schnupper gleichzeitig in das Jobleben herein. Du kannst Nachhilfe geben, im Café bedienen oder dich in den Ferien ans Fließband stellen. Außerdem kannst du bei deinem Gap-Year Angebote wahrnehmen, bei denen du Taschen- oder Fördergeld bekommst, wie zum Beispiel beim Au Pair Job. Es ist nicht viel, aber es kann genug sein, um dir deinen Wunsch zu erfüllen.

Was und Wohin?

Es gibt so viele Möglichkeiten, wie du dein Gap Year im Ausland gestalten kannst. Die gängigsten Gap-Year-Optionen habe ich dir im Folgenden aufgeschrieben und ein paar gute Seiten recherchiert. Achte bei deiner weiteren Recherche immer darauf, wem die Seite gehört und ob sie nur Informationen bereitstellt oder eine Verkaufsseite ist. Du kannst es dir natürlich einfach machen und ein Rund-um-sorglos-Paket kaufen. Dafür musst du aber tiefer in die Tasche greifen. Lass dich von solchen Angeboten nicht abschrecken, denn du kannst es dir wesentlich günstiger auch selbst organisieren.

Au Pair

Als Au Pair bekommst du ein kleines Taschengeld und zahlst nichts für Essen oder Unterkunft. Bei den Vermittlungen gibt es private Anbieter, die Provision kassieren – allerdings meistens von den Familien und nicht von dir. Außerdem gibt es auch gemeinnützige Vermittlungsstellen, die keine Vermittlungsgebühr verlangen. In jedem Fall empfehle ich, eine Agentur zu wählen, statt auf eigene Faust zu suchen, da dir die Agentur bei Problemen mit der Familie helfen kann bzw. dir im Problemfall eine neue Familie vermittelt.

MEHR INFOS:

Au Pair World: [LK003]

In Via: [LK004]

Freiweilligenarbeit.de: [LK005]

Bundesfreiwilligendienst im Ausland: [LK006]

Work & Travel weltweit: [LK007]

Soziale Organisationen

Es gibt zahlreiche gemeinnützige Programme, die Freiwilligendienste im Ausland anbieten. Hier gibt es einen wichtigen Aspekt zu beachten. Manche Programme basieren auf Spendengeldern. Sie erwarten von dir, dass du eine bestimmte Summe an Spendengeldern sammelst, um somit deinen eigenen Aufenthalt zu finanzieren. Bei anderen Programmen fällt diese Voraussetzung weg und deine Unterkunft und evtl. auch dein Taschengeld werden durch die Fördergelder gedeckt.

Work & Travel

Wer sich in diese Art des Reisens (meist am anderen Ende der Weltkugel) wagt, hat hinterher sicherlich eine abgefahrene Geschichte über das Hüten von wilden Bullen oder Spinnenbisse auf der Kiwi-Plantage zu erzählen. Ob mit oder ohne Organisation im Rücken, bedarf es allerdings einer großen Bereitschaft für das Ungewisse und ausreichendes Startkapital. Ich kann nur sagen: „Hut ab für alle, die sich in dieses Abenteuer stürzen. Muss man der Typ für sein!"

Beware of the Trugschluss

„Ich bin jetzt erstmal ein Jahr im Ausland und danach weiß ich schon, was ich studieren will." Nein. Nur weil du Kühe oder Kinder am anderen Ende der Welt streichelst, wirst du nicht wundersamerweise die Erleuchtung bekommen, was du danach machen willst. Außer du hast in der Viehzucht deine Leidenschaft gefunden...

Aber gehen wir einfach mal davon aus, dass du nicht den Rest deines Lebens auf einer australischen Farm Kühe streicheln möchtest, dann musst du dich wieder mit der Frage beschäftigen: „Abi...und dann?" Du solltest während deiner Auszeit diese Frage immer mal wieder aufbringen und dir über deine Interessen und Möglichkeiten Gedanken machen. Außerdem solltest du deine Unterlagen vor der Abreise gut vorbereiten, damit du dich Online bewerben kannst oder Mama und Papa sich um den Papierkram kümmern können.

Go for it!

Es wird die beste Entscheidung sein, die du je treffen wirst! Du hast noch irgendwie Schiss oder weißt nicht so recht, wie du das anpacken sollst? Es gibt 5003 Webseiten, Foren und Videos zu dem Thema im Internet und alle werden dir sagen: Go for it! Besser noch: Sprich mit jemandem darüber, der/die selbst ein Auslandsjahr gemacht hat und hole dir wertvolle Tipps und Zuversicht.

Gap Year in good ol' Germany

Es muss jedoch nicht gleich in ein fremdes Land gehen, um neue Erfahrungen zu machen und eine Pause nach der Schule einzulegen. Auch in einem freiwilligen sozialen Jahr kannst du dich ausprobieren, lernen Verantwortung zu übernehmen, das Arbeitsleben mit Kolleg*innen und Vorgesetzten kennenlernen und einen Einblick in ein Berufsfeld gewinnen.

Varianten des FSJ

Es gibt verschiedene Bereiche, in denen du ein FSJ absolvieren kannst. Hier eine Übersicht:

- **FSJ Bildung** (FSJ an Schulen)
- **FSJ Kultur** (FSJ an kulturellen Einrichtungen, z.B. Museen)
- **FSJ Sport**
- **FSJ Politik**
- **FSJ Denkmalpflege**
- **Bundesfreiwilligendienst** (verschiedene Einsatzbereiche)

Die Finanzierung

Weil es eine ehrenamtliche Tätigkeit ist und keine volle Arbeitsstelle, bekommst du lediglich ein Taschengeld als Aufwandsentschädigung. Außerdem musst du selbst für die Fahrtkosten zu den Seminaren aufkommen. Da du nach FSJ-Stellen in deiner Umgebung suchen kannst, fallen Umzugskosten und Wohngeld jedoch weg.

Die Planung

Die meisten Programme fangen am 1. September an und die Bewerbung ist bereits ein Jahr vorher möglich. Auch kurzfristig gibt es die Option, ein FSJ anzutreten. Auf „deinjahr.org" kannst du nach freien Plätzen suchen. Zwar ist die Auswahl etwas eingeschränkt, aber vielleicht hast du ja Glück!

INFOS ÜBER FSJ

Um dich zu informieren, bieten sich diese Seiten an:

Bundesfreiwilligendienst: [LK008]

Freiwilliges Jahr NRW: [LK009]

FSJ Ganztagsschule: [LK010]

Deutsches Rotes Kreuz: [LK011]

Deinjahr.org: [LK015]

Studieren oder nicht? Das ist hier die Frage!

Sich in Deutschland ein Studienfach auszusuchen, ist ungefähr so umfangreich, wie in einem Regal voller Schokoladentafeln die richtige Lieblingsschokolade zu finden.

Nur mit dem Unterschied:

Du hast noch nie Schokolade gegessen.

Du weißt nicht einmal, ob du Schokolade überhaupt magst.

Wenn du einmal eine Entscheidung triffst, musst du drei Jahre mit dieser Schokolade leben.

Es wäre dir ziemlich peinlich, wenn du die Schokolade anfängst, aber doch nicht aufessen magst.

Die Schokolade kostet nicht nur einen Euro, sondern Studiengebühren und Lebenshaltungskosten für die nächsten drei Jahre.

Auch wenn du den Namen der Schokolade kennst oder vielleicht sogar die Inhaltsstoffe - so wirklich weißt du nicht, was in der Schokolade drin ist.

Die Auswahl der Schokoladensorten ist so vielfältig, dass du dich gar nicht für eine entscheiden kannst, weil sie alle verlockend klingen. (Außer die mit den Rosinen. Rosinen in Schokolade sind ein Verbrechen an die Menschheit und sollten abgeschafft werden.)

Nun hast du vermutlich schon mal Schokolade gegessen - aber du hast noch nie studiert.

Aber du hast doch Abitur gemacht - da muss man doch studieren! Oder?

Ich sage dir: Du musst erstmal gar nichts. Nur, weil ein Studium ein gängiger Weg ist, heißt das nicht, dass es der leichteste Weg ist und schon gar nicht der richtige Weg für DICH.

Was macht man denn eigentlich im Studium?

Ein klassisches Studium an der Hochschule ist oft sehr theoretisch. Dabei geht es darum, sich mit abstrakten Ideen zu beschäftigen, die unsere Welt beschreiben. Je nach Studium sind die Fragestellungen unterschiedlich. Der Theorieteil des Studiums beschäftigt sich häufig mit sehr abgefahrenen Sachen oder Modellen von Theoretiker*innen, die manchmal als total plausible Erklärung für unsere Welt erscheinen und manchmal nach komplettem Blödsinn klingen.

Im Laufe des Studiums kommt man aber immer näher an den Nutzen. Man lernt, diese Theorien und Ideen auf die wirkliche Welt zu übertragen. Wie kann ich welche Theorie im echten Leben nutzen?

Ich will aber auch gar nicht zu sehr darüber reden, was genau so ein Studium eigentlich ist, weil es auch schwierig ist, alle Studiengänge und alle Hochschulformen über einen Kamm zu scheren. Generell lässt sich die Arbeit im Studium jedoch auf Folgendes herunterbrechen: am Schreibtisch sitzen, Studien lesen, Hausarbeiten schreiben, im Vorlesungssaal sitzen, abgefahrene oder sehr plausible Theorien lernen, klugen Professor*innen zu hören, Skripte zusammenfassen, Klausuren schreiben, Hausarbeiten abgeben. Wer auch mal selbst Hand anlegen möchte, kann natürlich in den Semesterferien ein Praktikum machen. In manchen Studiengängen sind Praktika sogar Pflicht.

Universität, Fachhochschule, Ausbildung?

Viele Wege führen nach Rom!

Ein Studium ist nur eine Form der beruflichen Ausbildung. Weitere Formen sind: duale Studiengänge, klassische Ausbildungen oder Fachhochschulen. Keine der Ausbildungsformen gibt dir eine pauschale Garantie für ein hohes Einkommen im späteren Berufsleben, eine großartige Karriere oder einen sicheren Arbeitsplatz. Aber in jedem Fall sind die Alternativen zur öffentlichen Hochschule mit einem höheren praktischen Anteil verbunden und haben einen fest gesteckten Rahmen im Form von Stundenplänen und Prüfungsanforderungen. Während es dir in der Universität passieren kann, dass dein selbst gebastelter Stundenplan hinten und vorne nicht aufgeht, weil sich Vorlesungen und Seminare überschneiden, bekommst du in Ausbildungen und Fachhochschulen einen vorgegebenen Stundenplan. Beides hat natürlich Vor- und Nachteile. Während öffentliche Hochschulstudierende fröhlich ihren Freitag von sämtlichen Vorlesungen freihalten, habe ich schon so manchen Freitag von 8.30 bis 17.30 in der Fachhochschule gesessen. Andererseits habe ich auch schon von Jurastudierenden gehört, deren Semester so hoffnungslos überlastet war, dass abends um 22 Uhr noch Seminare gehalten wurden.

Ein weiterer Vorteil von Fachhochschulen und Ausbildungen istaußerdem, dass sie sehr viel persönlicher sind. 100 Kommilitonen in einem Studiengang oder 20 Auszubildende in einem Betrieb sind Nichts im Vergleich zu den Zahlen der Universitäten. Die Dozent*innen oder deine Vorgesetzten werden dich mit Namen ansprechen und du wirst vermutlich alle deine Kommilitonen kennen, sofern du das möchtest.

An öffentlichen Unis ist man je nach Studienfach manchmal nur eine winzige Ameise im großen Ameisenhaufen. Niemand wird bemerken, wenn du nicht zur Vorlesung kommst oder dich nicht vorbereitet hast. Und Hand aufs Herz: Es interessiert auch niemanden.

In überlaufenen Studienfächern wie Jura oder Betriebswirtschaftslehre sind die meisten Unis froh, wenn in den ersten drei Semestern möglichst viele Studierende abbrechen, um diese immens Zahl der Studierenden zu verringern.

Im Zweifel für den Zweifel

Und wenn das Studium, egal ob Universität oder Fachhochschule, mir doch nicht gefällt?

Ein Studium abzubrechen, ist natürlich nicht das Ende der Welt und auch keine Schande. Je früher man sich eingesteht, eine Entscheidung getroffen zu haben, die nicht zu einem passt, desto besser. Je schneller du deine Zweifel bemerkst, desto schneller kannst du den richtigen Weg für dich finden!

Auch darfst du ein abgebrochenes Studium nicht als "verschwendete Zeit" sehen. Robin, der Gründer und Kopf des seitenwaelzer-Teams profitiert noch heute von seinen Grundlagen aus dem Jurastudium, um juristische Fragen rund um seitenwaelzer oder private Angelegenheiten zu klären. Im angefangenen Philosophiestudium ist er nicht nur seinen eigenen Interessen an berühmten Philosoph*innen nachgegangen, sondern hat auch Schreibkurse belegt. Er sieht die Zeit nicht als verloren oder gar verschwendet. Er hat alles, was er nutzen konnte, aus dieser Erfahrung gezogen. Und "einfach" kann ja sowieso jeder – wieder aufstehen ist die Kunst!

Dennoch bringt ein Abbruch des Studiums natürlich finanzielle Schwierigkeiten mit sich sowie einen nicht zu unterschätzenden Leidensdruck. Die BAföG-Regelungen sollten beachtet werden, damit nicht plötzlich die staatliche Unterstützung wegfällt, ein möglicher Umzug will organisiert und bezahlt werden und eine längere Studienzeit heißt auch eine längere Zeit bis zum Berufseinstieg. Der Leidensdruck äußert sich in einem Gefühl des Versagens, Unzufriedenheit, Streit mit Eltern und Selbstzweifeln.

In jedem Fall ist es gut, sich nach dem Abitur gründlich mit den verschiedenen Möglichkeiten auseinander zu setzen, um den idealen Weg für sich zu finden (Siehe Kapitel 5).

Das liebe Geld spielt auch schon bei der Entscheidung für das Studium eine Rolle. Ausbildung und duales Studium bieten hier einen klaren Vorteil: Am Ende des Monats wird man mit einem Gehalt belohnt. Auch wenn dieses Gehalt nicht sehr hoch ausfallen mag, kann es dennoch darüber entscheiden, ob man sich diese Form der Bildung im wahrsten Sinne des Wortes leisten kann oder eben nicht.

Im Hochschulstudium wird man durch BAföG unterstützt. Dies ist jedoch abhängig vom Einkommen und Vermögen der Eltern. Auf das Thema Finanzen kommen wir in Kapitel fünf noch einmal zurück.

Dank Der Umstellung auf das Bachelor- und Master-System und den damit verbundenen Pflichtveranstaltungen ist es schwieriger geworden, einen Nebenjob zu organisieren. Allerdings ist das System noch immer locker genug, um entspannt das Studium auf mehrere Semester zu strecken und sich damit Zeit zu verschaffen, während des Studiums jobben zu gehen. Dadurch kannst du praktische Erfahrung sammeln und in so mancher Personalabteilung wird Berufserfahrung sehr geschätzt!

Hamburg hilft

Ich bin natürlich nicht die Erste, die einen Ratgeber für orientierungslose Schüler*innen geschrieben hat und ich habe bei meinen Recherchen eine großartige Seite gefunden, die im Gegensatz zu anderen Webseiten öffentlicher Institutionen keine augenkrebserregenden Farben benutzt und eine nutzerfreundliche Oberfläche aus dem aktuellen Jahrzehnt aufweist. Falls du dir noch immer unsicher sein solltest, ob ein Studium die richtige Wahl für dich ist, dann schau dir mal die Fragen der Hochschule für angewandte Wissenschaften in Hamburg an: [LK016]. Es werden ebenfalls fachliche und persönliche Voraussetzungen angesprochen, die du für ein Studium mitbringen solltest. Außerdem kannst du dich hier noch weiter über die Unterschiede zwischen Ausbildung und Studium informieren.

Studieren, aber was?

Die Nadel im Heuhaufen. Wenn ein Studium für dich in Frage kommt, ist der nächste Schritt nicht weniger schwierig: Wie soll man nur in diesem Heuhaufen die Nadel finden? Laut der Bundesagentur für Arbeit gibt es 17.527 Studiengänge in Deutschland (Stand vom 27. April 2017). Na herzlichen Glückwunsch! Du stehst also nun vor deinem Regal mit 17.527 Schokoladensorten - äh, ich meine natürlich Studiengängen - und sollst dich für einen entscheiden. Bei so viel Auswahl brauchen wir ein gutes System, mit dem wir zuverlässig eine richtige Entscheidung treffen, ohne, dass wir uns für den Rest unseres Lebens fragen: „War Zartbitter-Marzipan-Schokolade wirklich die richtige Wahl für mich? Oder hätte mich Weiße-Crisp-Schokolade vielleicht doch glücklicher gemacht?" Du willst eine Entscheidung treffen, mit der du auch langfristig zufrieden bist und dir nicht Jahre später noch immer den Kopf zermarterst, was wäre gewesen, wenn... Keine leichte Aufgabe, aber auch das schaffen wir gemeinsam!

Den Überblick bekommen

Der Studium-Interessentest bietet genau diese Verknüpfung zwischen Interessen und dem tatsächlichen Studienangebot: `[LK017]`.

Mit 72 Fragen werden deine Interessen abgefragt und dann kannst du dir dazu passende Studiengänge aus ganz Deutschland angeben lassen. Allerdings werden dabei „nur" 9.000 der 17.527 Studiengänge berücksichtigt. Dies liegt daran, dass für dich nur die Studiengänge relevant sind, die zu einem ersten Hochschulabschluss (Bachelor) führen.

Die Vorteile dieses Tests: Du bekommst wichtige Informationen wie Bewerbungsfristen und Kontaktdaten der Studienberatung. Außerdem kannst du durch Filtereinstellungen die Suche auf Orte oder die Art des Abschlusses beschränken. So kannst du dich ziemlich easy durch diese gigantische Datenbank klicken, um an die für dich relevanten Informationen zu kommen.

Der Nachteil: Ich finde die Fragen nach den Interessen ein wenig unglücklich formuliert. Woher sollst du jetzt schon wissen, ob du Interesse an der Gründung eines Unternehmens hast? Die Fragen scheinen mir zu weit weg von deinem bisherigen Leben. Aber wenn du bereits die anderen Interessentests gemacht und meine Fragen beantworten hast, solltest du schon gut über deine Wünsche reflektieren können. Außerdem musst du aufpassen: Es werden sowohl öffentliche als auch private Hochschulen angegeben. Bei privaten Hochschulen wird selten nach dem Numerus Clausus, also dem Notenschnitt gefragt, dafür fallen hohe monatliche Studiengebühren an.

Du kannst den Filter verwenden und Einstellungen vornehmen, um das Bundesland, den Ort, die Abschlussart usw. zu bestimmen und somit die Anzahl der passenden Studiengänge zu reduzieren. Ich hatte nämlich über 2.000 Vorschläge. Das sind definitiv zu viele, um den Überblick behalten zu können. Falls du dich ein bisschen erschlagen fühlst von dieser Menge an Daten: Kann ich verstehen! Hier ist die Plattform sehr anwendungsfreundlich, denn durch eine Registrierung wird dein Interessensprofil gespeichert und du kannst deine Suche auch zu einem anderen Zeitpunkt fortsetzen.

Zu jedem Studiengang kannst du dir nun wichtige Informationen anzeigen lassen wie die Regelstudienzeit, den Abschluss, aber auch Kontaktdaten der Uni. Leider wird kein Einblick in die Inhalte gegeben. Doch dafür kannst du auf den weiterführenden Link zur Webseite der Hochschule klicken und mehr dazu erfahren. Ganz ohne Arbeit wirst du den richtigen Studiengang also nicht finden, aber mit dieser Plattform ist es definitiv etwas leichter!

Keine voreiligen Schlüsse!

Wenn du einen Studiengang gefunden hast, der dich anspricht, dann befasse dich noch einmal ganz genau mit deinem Fund. Schau dir YouTube-Videos an, in denen die Inhalte erläutert werden oder setze dich einfach mal in eine Vorlesung. Viele Hochschulen bieten einen Tag der offenen Tür an oder Probevorlesungen. Sei nicht schüchtern! Ruf einfach mal bei der Beratungsstelle einer Uni an und frage nach einer solchen Möglichkeit.

Manchmal ist man froh, diese Entscheidung so schnell wie möglich hinter sich gebracht zu haben, dass man sich gar nicht tiefgehend mit den Inhalten und Konsequenzen dieser Entscheidung befasst hat. Ich habe ganz schön blöd geguckt, als ich im ersten Semester Wirtschaftspsychologie plötzlich wieder Ableitungen und exponentielle Gleichungen aufgetischt bekommen habe... Ich wusste, ehrlich gesagt, nicht, dass BWL so viel Mathematik umfasst.

Informationsmessen

Eine wunderbare Möglichkeit dich über Studium, Universität und das ganze Drumherum zu informieren, sind Messen. Hier kannst du nach Info-Messen in deiner Nähe suchen: [LK018]. Ich selbst war damals auf der HORIZON-Messe, um mich sowohl über Auslandsaufenthalte als auch das Fach Wirtschaftspsychologie und die Finanzierung des Studiums zu informieren. Die Menge der Informationsstände ist zwar erschlagend, aber dafür bekommt man das volle Spektrum geboten.

Ausbildung

Theoretisches Bla Bla interessiert dich nicht? Du willst lieber machen, statt ewig reden und nachdenken?

Dann ist die Ausbildung vielleicht der richtige Weg für dich. Denn bei der betrieblichen Ausbildung bist du in einer Firma angestellt, um dort einen bestimmten Beruf zu lernen. Ganz praktisch und mitten im täglichen Geschäft. Ganz egal ob Chemielabor, Krankenpflege oder Büroalltag - du legst Hand an Akten, Petrischalen und Menschen. Ganz ohne Theorie kommt die Praxis jedoch auch nicht aus und die Schulbank musst du entweder ein bis zwei Tage in der Woche drücken oder blockweise für ein paar Wochen am Stück im Wechsel mit der Zeit im Betrieb.

Der Unterschied zum Studium liegt hier also ganz klar in der Praxisorientierung und der Spezialisierung. Du vertiefst deine Tätigkeiten, indem du sie tatsächlich ausführst und von denen lernst, die ihren Beruf seit Jahren machen. Dabei wirst du für einen bestimmten Beruf ausgebildet, statt wie in der Uni nur das „Rüstzeug" für eine Bandbreite an Berufen zu lernen.

Ausbildung ist doch was für Hauptschüler*innen!

„Ausbildung? Ich mach doch Abi! Mit einem Abi in der Tasche mache ich doch keine Ausbildung!", denkst du dir vielleicht. „Da verdienste später nix mit und werden wirste damit auch nix, weil Ausbildung eh nur was für Hauptschüler*innen ist." Besonders in einem Akademikerhaushalt wirst du solche Vorurteile vielleicht gehört oder sogar selbst schon mal gedacht haben. Doch nur, weil du Abi machst, musst du nicht studieren. Du musst nämlich erstmal gar nichts und erst recht nicht aus einem bloßen Vorurteil heraus. Denn eine betriebliche Ausbildung ist nicht die „schlechtere Ausbildungsform", sondern nur eine andere Form der Berufsausbildung, die einen größeren Praxisanteil umfasst. Einige Ausbildungen setzen sogar ein Abitur voraus!

Ja, und die Kohle?

„In Ausbildungsberufen verdient man viel weniger!“, hast du vielleicht mal gehört und deswegen kam es für dich nie in Frage? Das zukünftige Einkommen lässt sich nicht pauschalisieren und hängt stark davon ab, welchen Beruf du wählst.

Ein Beispiel:

Wenn du dich für eine Ausbildung als Fachinformatiker*in im Bereich Anwendungsentwicklung entscheiden solltest, dann sieht dein Ausbildungsgehalt in der dreijährigen Ausbildungszeit so aus:

1. Ausbildungsjahr: 830-930 €

2. Ausbildungsjahr: 910-980 €

3. Ausbildungsjahr: 970-1060 €

Dein Einstiegsgehalt wird in diesem Fall zwischen 2000 € und 2400 € Brutto pro Monat (also vor Abzug der Steuern) liegen. Laut absolventa, einer Jobbörse, liegt das Gehalt nach 5 Jahren im Schnitt bei 2250 €, nach 10 Jahren bei ca. 3000 € und nach 20 Jahren soll es sogar bei 3600 € liegen.

Zum Vergleich: Das durchschnittlichen Einstiegsgehalt nach Abschluss eines Pädagogikstudiums liegt bei 2500 €. Doch im Gegensatz zur Fachinformatikausbildung muss das Studium selbst finanziert werden und es gibt kein monatliches Gehalt.

Tendenziell stimmt die Idee natürlich, dass du durch ein Studium eine höhere Qualifikation erworben hast und dadurch “bessere” Job-Positionen annehmen kannst. Allerdings ist das eben eine sehr pauschale Aussage. Letzten Endes hängt dein Gehalt von deinem späteren Job und Arbeitgeber ab und nicht primär von deinem Bildungsweg.

Welche Ausbildung soll ich machen?

Im Gegensatz zu den 9.000 Studiengängen, aus denen man ein Studium wählen kann, gestaltet sich das Ausbildungsangebot sehr viel überschaubarer: 350 anerkannte Ausbildungen gibt es in Deutschland. Doch auch bei 350 Wahlmöglichkeiten musst du das Angebot auf ein oder zwei für dich interessante Optionen herunterbrechen. Dabei gehen wir genauso vor wie auch bei den Studiengängen, nämlich von groß nach klein. Hier noch mal im Überblick:

Vom Interesse zur Ausbildung

Für die Suche nutzen wir natürlich wieder einen Test mit verknüpfter Datenbank, um uns in der Angebotsvielfalt zu orientieren. Hierzu habe ich den Azubi Berufstest ausprobiert: `[LK020]`. Bei diesem Test musst du einen recht ausgiebigen Fragenkatalog zu deinen Interessen beantworten und bekommst als Ergebnis sowohl deine Interessenskategorien als auch konkrete Ausbildungen vorgeschlagen.

Allerdings bin ich mir bei diesem Test nicht sicher, wie groß die Datenbank ist, also ob tatsächlich alle 350 Ausbildungen hinterlegt sind. Doch in jedem Fall hilft dieser Test dir wiederum, dich in deinen Interessen zu orientieren und dir eine Idee zu geben, wo du suchen kannst.

Wenn die vorgeschlagenen Ausbildungen reizvoll für dich klingen, kannst du dir eine kurze Beschreibung der Tätigkeit, Anforderungen und zusätzliche Informationen zu den Rahmenbedingungen in einer Übersicht anschauen.

Alternativ zu diesem Tool kannst du auch in einem Ausbildungskatalog nach passenden Angeboten suchen: `[LK019]`. In diesem Verzeichnis sind alle 350 Ausbildungen angegeben. Allerdings solltest du wissen, in welchem Bereich deine Interessen liegen, um dich an den Kategorien zu orientieren.

Hier sind die Ausbildungen Themen zugeordnet, sodass du nach dem Ausschlussverfahren die Themen unbeachtet lassen kannst, die dich nicht reizen. Klick dich durch die Themen, die dich interessieren und schau dir an, welche Ausbildungsmöglichkeiten dieser Bereich bietet. Wenn du auf die Ausbildung klickst, die dich anspricht, bekommst du die gängigen Informationen wie Ausbildungsdauer und Gehalt. Außerdem werden dir konkrete Stellen angeboten, auf die du dich bewerben kannst. Im Menüpunkt „Übersicht“ kannst du dir durchlesen, was du in der Ausbildung lernst und wie deine Aufgaben aussehen werden. Falls du bei deinen Recherchen, im Fernsehen oder im Gespräch mit Freund*innen, über eine Ausbildung gestolpert sein solltest und nun mehr Informationen dazu finden möchtest, kann du im Glossar danach suchen: `[LK021]`. Dort sind alle Ausbildungen nach Alphabet sortiert.

Interessensfelder finden (Soziales, Technik etc.).

↓

Konkrete Ausbildungen finden, die es in diesem Bereich gibt.

↓

Ausbildungen, die dich besonders interessieren, recherchieren.

↓

Angebote dieser Ausbildungen aufstellen.

Der frühe Vogel

Ausbildungsstellen werden vor allem bei großen Firmen bereits ein bis zwei Jahre im Voraus ausgeschrieben und starten fast immer zum 1. August. Wenn du direkt nach dem Abitur starten möchtest, dann musst du dich im letzten oder vorletzten Abschlussjahr bewerben.

Denkst du dir jetzt gerade „Fuck?!“, weil der Zug schon abgefahren ist? Keine Panik! Es gibt die Last Minute Ausbildungsangebote

[LK022] und außerdem musst du nicht direkt nach dem Abitur mit der Ausbildung anfangen. Falls du es noch nicht getan hast, lies dir nun mein feuriges Plädoyer für das Gap Year im Ausland durch.

Informationsmessen

Auch für Ausbildungen gibt es natürlich Informationsmessen. Hier findest du eine Übersicht mit Terminen: [LK023].

Falls du dir noch nicht ganz sicher bist, ob Studium oder Ausbildung für dich das richtige ist, kannst du auerxexch auf Messen gehen, die beide Angebote abdecken und dich beraten lassen.

Duales Studium - Best of both worlds

Die Vorteile der Ausbildung klingen schon ziemlich verlockend, nicht wahr? Aber du möchtest trotzdem einen Hochschulabschluss und das dazu gehörige theoretische Wissen erwerben? Dann ist das duale Studium vielleicht die perfekte Antwort!

Was ist ein duales Studium?

Das duale Studium ist die Kombination aus der betrieblichen Ausbildung und dem Studium. Dadurch lernst du sowohl die praxisorientierte Lehre im Betrieb kennen als auch die theoretische Lehre an der Hochschule. Nach erfolgreichem Abschluss hast du somit die fertige Ausbildung und den Bachelor in der Tasche. Und das in der gleichen Zeit wie ein normales Studium! Klingt ganz schön vielversprechend, nicht wahr?

Was ist der Unterschied zum normalen Studium?

Doch was ist anders im dualen Studium im Vergleich zur normalen Universität? Ohne zu tief in die Materie zu gehen, musst du wissen, dass es einen Unterschied zwischen Universitäten und Fachhochschulen gibt.

Fachhochschulen orientieren sich verstärkt an der Praxis und sind wie Schulen organisiert. Es gibt feste Stundenpläne und die Kurswahl ist größtenteils vorgegeben. Außerdem sind sie auch mit einem Fachabitur zugänglich. An der Universität stellst du dir deinen Stundenplan selbst zusammen und je nach Studiengang kannst du entscheiden, welche Kurse du in welchen Semestern belegst. Hier bist du nur mit der allgemeinen Hochschulreife zugelassen.

Ein weiterer Unterschied zur normalen Uni ist der Fokus auf die Praxis und geringere bis gar keine Bemühungen in der Forschung. Das heißt im Klartext: Fachhochschulen haben weniger Professor*innen, die Studien und Experimente anstellen, um Theorien zu erforschen und zu prüfen. Dafür gibt es Dozent*innen, die in der realen Berufswelt gearbeitet haben oder noch immer mit einem Bein in der Wirtschaftswelt stehen und mit dir wertvolle Erfahrungen und Kontakte teilen können.

Nach diesem kleinen Exkurs zurück zum dualen Studium: Da es sich in eine Praxisphase im Betrieb und die Vorlesungszeit an der Hochschule aufteilt, sorgt die Fachhochschule für die notwendige einheitliche Organisation, an der es an Universitäten meist mangelt. Daher werden viele duale Studiengänge an einer Fachhochschule oder Berufsakademie absolviert.

Das ist für dich nur von Vorteil, da du dir somit keine Sorgen machen musst, dass die Ausbildung im Betrieb mit deiner Vorlesungszeit kollidieren könnte.

Der Nachteil: Viele Hochschulen, die ein duales Studium anbieten (nicht alle natürlich) sind private Schulen, die monatliche Studiengebühren erheben, die nicht gerade gering sind. 500 € bis 700 € im Monat ist hier ein gängiger Rahmen. Doch nicht erschrecken! Es gibt Betriebe, die für diese Studiengebühren aufkommen und bei einigen bekommt man während der Zeit sogar Geld. Doch dazu später mehr. Viele Ausschreibungen für duale Studiengänge werden zwischen dem 1. Juli und 1. Oktober veröffentlicht, die zur gleichen Zeit ein Jahr später beginnen. Auch hier gilt es also wieder: Der frühe Vogel fängt den Wurm. Trotzdem kein Grund zur Panik: Falls du spät dran bist, wirst du in kleineren Betrieben auch kurzfristiger ein duales Studium beginnen können.

Abwägen

Das klang bisher alles ziemlich gut, nicht wahr? Die gleiche Zeit wie ein normales Studium, aber mit viel mehr Praxis und dem Ausbildungsabschluss gleich dazu! Aber ein duales Studium sollte wohl überlegt sein, weil es längst nicht für jedermann oder -frau gemacht ist. Schauen wir uns also an, welche Nachteile das duale Studium mit sich bringt und du musst dir überlegen, ob diese Bedingungen für dich okay sind:

Kein Spaziergang: Du wirst nicht das typisch romantische Studentenleben haben, mit Wochenende ab Mittwoch und zwei Monaten Semesterferien. Die Doppelbelastung von Ausbildung und Studium verlangt einiges ab und du bist an das vorgegebene Arbeitspensum deines Betriebes und der Hochschule gebunden.

Kein Ausland: Nur wenige Hochschulen bieten ein Auslandssemester während des dualen Studiums an. Wenn du es dennoch unbedingt möchtest, kann dich das bei deiner Suche eventuell stark einschränken.

Studiengebühren: Viele Hochschulen und Berufsakademien sind private Anbieter, die monatliche Studiengebühren verlangen. Wenn du sie selbst zahlen musst, hast du nicht viel von deinem Ausbildungsgehalt.

Weniger Forschung: Die Fächer sind eher an der praktischen Arbeitswelt orientiert und haben einen geringeren wissenschaftlichen Anteil. Falls du doch einen Master an der öffentlichen Uni machen möchtest und vielleicht sogar mit der Forschung liebäugelst, fehlen dir bestimmte Kurse, die dir diesen Weg möglicherweise verwehren.

Kein zurück: Na, das klingt vielleicht etwas zu dramatisch, aber durch deinen Vertrag mit der Firma ist es schwieriger, das Studium abzubrechen. Außerdem investierst du oder der Betrieb in Studiengebühren, die einen vorzeitigen Abbruch umso schmerzhafter machen.

Kaum Freiraum: Deine Fächer sind weitestgehend vorgegeben, ebenso wie deine Stundenpläne. Vielleicht hast du samstags Uni oder musst jeden Morgen um 8:30 Uhr antanzen. Ob du flexible Arbeitszeiten im Praxisteil hast, liegt an deiner Firma. In jedem Fall hast du wenig in der zeitlichen Gestaltung deines dualen Studiums mitzureden.

Ob dich diese Nachteile des dualen Studiums abschrecken oder nicht, liegt ganz daran, wie du sie wahrnimmst. Du hast kein Interesse an Forschung? Du willst nicht ins Ausland? Vielleicht findest du einen vorgegebenen Stundenplan sogar ganz angenehm, weil du dich damit weniger selbst in den Hintern treten musst? Dann könnte das duale Studium tatsächlich genau die richtige Wahl für dich sein. Schauen wir uns nun die Vorteile an und du musst dir überlegen, ob diese es wert sind, um die Nachteile in Kauf zu nehmen.

Selber machen: Statt weiterhin nur die Schulbank zu drücken, darfst du im Betrieb selbst Hand anlegen. Du siehst deine Ergebnisse und deinen Beitrag in der Firma.

Theorie UND Praxis: okay, mittlerweile wiederhole ich mich... Aber es ist auch einfach großartig, die Kombination aus beiden Aspekten des Lernens zu bekommen. Dadurch bekommst du ein hervorragendes Verständnis für das große Ganze, das dir in deinem weiteren Berufsleben von großem Nutzen sein wird. Zudem hebst du dich damit von Gleichaltrigen ab, die „nur“ eine Form der Ausbildung haben.

Zwei Abschlüsse in 3 Jahren: In der Zeit, in der andere ein Studium oder eine Ausbildung abschließen, machst du im dualen Studium beides! Dieser bildungstechnische Sprint ist nicht ohne, aber diese umfangreiche Berufsausbildung ist viel wert.

Mitten drin: Im Betrieb lernst du das Unternehmen und das Arbeitsleben in all seinen Facetten kennen. Das wird dir sehr von Nutzen sein, um dich später zu orientieren, in was für einem Betrieb du selbst arbeiten möchtest oder welche Abteilung dir besonders zusagt. Außerdem lernst du sofort das „normale Arbeitsleben“ kennen.

Die Kohle: Du bekommst ein Ausbildungsgehalt und eventuell kommt dein Unternehmen für die Studiengebühren auf. Dank des doppelten Abschlusses wird dein Einstiegsgehalt ebenfalls besser ausfallen.

Gute Übernahmechancen: Über 80 % der Betriebe übernehmen die Absolvent*innen zudem nach Abschluss des Studiums. Na, wenn das nicht vielversprechend klingt?

Gute Karrierechancen: Mit deiner betrieblichen Ausbildung hast du bereits einen Fuß im Unternehmen und dein Studienabschluss öffnet dir viele weitere Türen. Dadurch kannst du früher deine Karriere starten.

Gut ist das duale Studium besonders dann, wenn du schon weißt, wo du hin willst. Du hast eine Branche oder einen Job, der dich brennend interessiert? Mit dem dualen Studium kannst du voll durchstarten und dich zielstrebig hocharbeiten.

Wie gehst du hier vor?

Auch hier kannst du wieder mit der Datenbank vom Hochschulkompass arbeiten: [LK017]. Anhand deiner Ergebnisse im Interessentest bekommst du passende Studiengänge angezeigt. Hierbei musst du nach dualen Studiengängen filtern und gegebenenfalls weitere Filter einstellen, wie z.B. den örtlichen Umkreis, der für dich in Frage kommt. Falls du das Kapitel „Studieren, aber was?" übersprungen haben solltest, dann geh noch einmal zurück und schaue dir an, wie du bei der Suche in der Datenbank vorgehst.

Alternativ kannst du auch beim „Wegweiser duales Studium" einen Überblick über die dualen Studiengänge bekommen und in den Themenfeldern suchen: [LK029].

Die Bewerbung abschicken

Wenn du ein duales Studium gefunden hast, das dich anspricht, dann gibt es zwei Vorgehensweisen der Bewerbung. Du kannst dich entweder auf die Hochschule oder auf einen Betrieb bewerben.

Bewirbst du dich auf eine Ausbildung im Betrieb, dann bekommst du automatisch einen Platz an der kooperierenden Hochschule vermittelt und musst dich dort nur anmelden ohne eine weitere Bewerbung für den Studienplatz.

Die weniger übliche Vorgehensweise ist es, sich erst auf die Hochschule zu bewerben und sich bei den kooperierenden Betrieben eine Ausbildung zu suchen.

In beiden Fällen gibt es eher selten eine Begrenzung nach Numerus Clausus, aber es können weitere Bewerbungsunterlagen wie ein Motivationsschreiben verlangt werden. Bei vielen privaten Hochschulen werden außerdem Bewerbungsgespräche und Tests durchgeführt, die deine sprachlichen und mathematischen Kenntnisse sowie Motivation für deine Studienwahl ergründen sollen.

Arbeiten - Weniger Langeweile, mehr Geld

Du hast auch nach der Hälfte dieses Buches noch gar keine Peilung, was du nach dem Abi machen sollst? Oder du bist total spät dran und die meisten Bewerbungsfristen hast du eh schon verpasst? Und jetzt einfach etwas anzufangen, damit du was hast und deine Eltern dich nicht mehr mit ihrem ewigen Nachbohren nerven, hältst du auch nicht für sinnvoll, weil du sowieso nach wenigen Monaten das Studium oder die Ausbildung abbrechen würdest?

Tut mir leid, wenn du deiner Zukunft noch immer so ahnungslos entgegen blickst, wie zu Anfang des Buches. Vielleicht brauchst du einfach noch ein wenig Zeit, um dich in dieser schwierigen Angelegenheit zu orientieren. Verliere nicht den Mut! Wenn du dir nur weiterhin Gedanken zu deinem weiteren Werdegang machst und aktiv suchst wie du deine Interessen und Persönlichkeit am besten ausleben kannst, dann wirst du schon deinen Weg finden.

In der Zwischenzeit... werden dir deine Eltern ganz schön auf den Sack gehen. Viele deiner Freund*innen werden woanders hinziehen oder tagsüber beschäftigt sein. Da wird schnell Langeweile aufkommen!

Suche dir einen Job und du hast eine Beschäftigung, verdienst Geld und deine Eltern beklagen sich nicht mehr über deine Faulheit. Außerdem bekommst du einen Einblick in das Arbeitsleben - auch wenn Kellnern oder Fließbandarbeit unter Umständen nichts mit deinem späteren Beruf zu tun haben, kann es dir dennoch wertvolle Erfahrungen mit auf den Weg geben. Wichtig ist jedoch, dass du dich weiterhin mit deinem Werdegang beschäftigst und nicht aus Bequemlichkeit in einem langweiligen Job versauerst.

5. DEINE OPTIONEN

Mittlerweile sollte dein Kompass in eine Richtung ausschlagen, die dir hilft, dich auf der Landkarte der Berufsfelder zu orientieren. Wenn dir nun jemand willkürlich Vorschläge macht und dabei vermutlich eher über seine eigenen Traumberufe nachdenkt als über deine, dann solltest du selbstreflektiert die Vorschläge abwägen können, ob sie mit deinen Interessen übereinstimmen. Du musst noch immer nicht sagen, wie dein perfekter Traumberuf aussieht. Du musst auch noch nicht das perfekte Studium oder die perfekte Ausbildung gefunden haben.

Im Idealfall bist du während der Tests und der Googlesuchen schon über die eine oder andere Beschreibung gestolpert, bei der du dir dachtest, „ja, zu diesem Thema würde ich gerne mehr lernen und mehr Zeit mit verbringen." Bevor wir uns jedoch anschauen, was interessante und vor allem reale Optionen für dich sind, müssen wir erst einmal Tacheles reden und zwar über deine finanzielle Situation.

Das liebe Geld

Das Thema Geld gibt dir vielleicht ein mulmiges Gefühl, aber es ist verdammt wichtig!

Bei den Recherchen habe ich in Studien zum Thema Studienabbruch immer wieder gelesen, dass finanzielle Schwierigkeiten zu den drei Top-Gründen gehören, ein Studium abzubrechen. Bevor du mitten in deinem Studium merkst, dass dir das Wasser bis zum Hals steht und du mit der Miete längst im Rückstand bist, machen wir uns lieber jetzt Gedanken darüber.

Dies ist ein Thema, bei dem du auf jeden Fall deine Eltern mit ins Boot holen solltest.

Dein Anspruch auf Ausbildung

Deine Eltern sind verpflichtet, dir deine Erstausbildung zu finanzieren. Und DU bestimmst, wie diese aussieht. Ganz gleich, ob du eine Lichttechnik-Ausbildung machen oder Kunstphilosophie studieren möchtest. Deine Eltern können keinerlei Bedingungen an deine Ausbildungswahl stellen. Außerdem kannst du dir mit deiner Wahl Zeit lassen. Ein Jahr Pause fürs Jobben, ein soziales Jahr oder Auslandserfahrung wurden von der Gesetzgebung in Deutschland als Orientierung und Vorbereitung zur beruflichen Ausbildung erklärt.

Falls deine Eltern dir drohen, dein Studium nicht zu finanzieren, weil sie Kunstphilosophie für eine brotlose Kunst halten und dir raten, besser gleich Taxifahrer*in zu werden, dann könntest du deine engstirnigen Eltern theoretisch auf Unterhalt verklagen. Theoretisch ...aber ich denke, du möchtest deine Eltern eher ungern verklagen. Aber nun bist du dir deiner Ansprüche bewusst und weißt: Du darfst mit deinem Leben anstellen, was du möchtest!

Dennoch müssen deine Eltern nicht unter allen Umständen zahlen. Wenn du in deinem Studium Zeit vertrödelst oder die Ausbildung abbrichst, dann verfällt ihre Pflicht der Unterhaltszahlung. Zudem müssen deine Eltern sich natürlich nicht verschulden. Denn wir leben in einem Sozialstaat, in dem Bildung unabhängig der finanziellen Mittel zur Verfügung stehen soll. Daher kannst du zur Finanzierung auf BAföG oder Berufsausbildungsbeihilfe zurückgreifen.

BAföG

Das Bundesausbildungsförderungsgesetz wurde 1971 festgelegt, um Chancengleichheit in Bildung und Beruf zu gewährleisten. Dabei soll allen Staatsbürger*innen die Erstausbildung ermöglicht werden, auch wenn das Einkommen der Eltern nicht zur Finanzierung ausreicht.

Du hast einen Anspruch auf BAföG, wenn:

- Du die deutsche Staatsangehörigkeit hast.

- Das Studium deine erste berufsqualifizierende Ausbildung ist.

- Du unter 30 Jahre bist.

- Du Vollzeit studierst.

Da sich dieses Buch an Abiturient*innen richtet, gehe ich stark davon aus, dass all diese Punkte auf dich zutreffen, sofern du dich für ein Studium interessierst.

Nutze nun den BAföG-Rechner [LK028], um herauszufinden, wie hoch dein BAföG-Anspruch ausfällt. Mache das am besten mit deinen Eltern zusammen, da du deren Einkommen und Steuerabgaben mitberücksichtigen musst.

Und jetzt noch eine richtig krasse Nachricht:

Du bekommst die Hälfte des Geldes, das du durch das BAföG-Darlehen erhältst, geschenkt! Die andere Hälfte musst du dem Staat zurückzahlen. Doch auch hier hast du sehr großzügige Bedingungen.

- Deine Schulden werden auf insgesamt 10.000 € begrenzt.

- Beginn der Rückzahlung ist 5 Jahre nach Bachelor-Abschluss (Ausnahmen bei Fachwechsel und anderem).

- Es gibt Raten von 315 € für ein Jahresquartal, also 105 € im Monat.

- Eine Freistellung von der Rückzahlung ist möglich, wenn dein Einkommen nicht ausreicht. Es gibt außerdem Nachlass auf die Schuldhöhe bis zu 50 %, wenn du auf einen Schlag zurückzahlst.

Mit anderen Worten, du bekommst eine Menge Geld geschenkt und noch viel wichtiger: Du bekommst die Möglichkeit, dein Studium zu absolvieren, geschenkt. Das ist schon eine ziemlich nette Sache von unserem Staat und wir gehören damit definitiv zu den privilegierten Ländern.

Weitere Infos, vor allem zur Antragstellung, kannst du in unserem Artikel „How to BAföG" `[LK012]` auf seitenwaelzer.de nachlesen und natürlich auf der offiziellen Seite des BAföG-Amts `[LK013]`.

Berufsausbildungsbeihilfe (BAB)

Auszubildende oder dual Studierende gehen nicht leer aus! In einer Ausbildung bekommst du zwar ein Gehalt, aber das wird nicht unbedingt reichen, um deine Unterhaltskosten zu decken, besonders wenn du von zu Hause ausziehen musst.

Diese staatliche Förderung bekommst du also, wenn:

- Du eine der 350 anerkannten Ausbildung machst.

- Du für die Ausbildung aus deinem Elternhaus ausziehen musst.

Für die Berechnung des BAB werden nicht nur die Einkünfte deiner Eltern berücksichtigt, sondern auch dein Ausbildungsgehalt. Ebenso werden deine anfallenden Kosten für Miete, Berufskleidung und notwendige Verkehrsmittel aufgerechnet, um deinen realistischen Bedarf zu ermitteln. Auch hier gibt es wieder einen Rechner: `[LK027]`.

Übrigens: Du musst dein BAB nicht zurückzahlen - auch nicht, wenn du deine Ausbildung abbrichst. Richtig gehört! Du bekommst Geld geschenkt. Der deutsche Staat schenkt dir Geld, damit du eine Ausbildung machst. Ich finde das einfach großartig! Du auch?

Kredit beim KfW

Der Gedanke, sich zu verschulden, ist zwar ziemlich gruselig, aber mit einer guten Bildung wirst du später ein besseres und sicheres Einkommen haben und den Kredit zurückzahlen können. Bei dem Kreditinstitut für Wiederaufbau (KfW) [LK014] benötigst du kein Einkommen und selbst wenn deine Eltern verschuldet sein sollten, steht dir dieser Kredit zu, um deine Erstausbildung zu finanzieren. Üblicherweise musst du für einen Kredit Sicherheiten vorweisen können, damit die Bank gewiss sein kann, ihr Geld wiederzubekommen. Diese Bedingung entfällt beim Kredit für Wiederaufbau, weil du als junger Mensch in der Ausbildung schließlich keine Sicherheiten wie Immobilien oder ein hohes Einkommen haben kannst.

Wie sieht ein solcher Kredit aus?

- Du bekommst zwischen 100 € und 650 € im Monat.

- Du kannst die Höhe des monatlichen Betrags während der Laufzeit verändern.

- Du kannst über sieben Jahre Auszahlungen in Anspruch nehmen.

- Nach 6 bis 23 Monaten nach der letzten Auszahlung musst du mit der Rückzahlung anfangen.

- Der Zins liegt bei ca. 3,42 % im Jahr.

Das KfW-Institut ist übrigens keine unerträglich reiche Bank, die mir heimlich Geld zuschiebt, damit ich diesen Text schreibe. Das Institut ist in öffentlicher Hand und das Geld stammt aus Fördergeldern der Bundesregierung. Gegründet wurde es 1948 nach dem Zweiten Weltkrieg, um Deutschland wiederaufzubauen, wie der Name schon sagt.

Aufatmen!

Du siehst also: Es gibt Mittel und Wege, deine gewünschte Form der Bildung zu finanzieren und du hast jeden Anspruch darauf!

Wichtig ist jedoch, dass du bei deinen verschiedenen Optionen auf den Faktor Geld achtest und schaust, wie viel Geld du benötigst und woher du es bekommst, damit deiner Wunschausbildung nichts mehr im Weg steht!

Ordnung in das Chaos bringen

Jetzt, wo dieses unangenehme Thema geklärt ist, können wir uns wieder den schöneren Dingen widmen: deinen Zukunftsplänen. Im nächsten Schritt soll es nämlich darum gehen, deine Ideen und Wünsche zu sortieren und sie zu realen Optionen werden zu lassen. Mache dir am besten eine Ablage in deinem Internetbrowser, in der du sämtliche Links zu hilfreichen Seiten zu Studiengängen, Ausbildung oder Gap-Year Programmen sammelst. Das macht es dir leichter, einen Überblick zu behalten und zu entscheiden, was davon tatsächlich für eine Bewerbung in Frage kommt.

An dieser Stelle müssen wir auch der bitteren Realität ins Auge sehen. An alle Möglichkeiten, die du hast, sind Bedingungen und Voraussetzungen gebunden. Vielleicht musst du für dein Traumstudium an das andere Ende Deutschlands ziehen oder die Hilfsorganisation in Uganda erwartet von dir, dass du bereits Erfahrung im Umgang mit Kindern hast. Nicht zu vergessen der bitterböse NC, der schon so viele junge Menschen davon abgehalten hat, das zu studieren, was ihr Herz begehrte.

Im Folgenden zeige ich dir, was ich mir dabei gedacht habe. Ich empfehle dir, verschiedene Listen auszudrucken, unterschieden nach Gap-Year Optionen, Studien Optionen, Ausbildungsoptionen usw.

Gehen wir das Ganze mal beispielhaft durch. Du weißt, dass du sehr gerne ins Ausland gehen möchtest und zwar am liebsten nach Afrika, um dort bei einem sozialen Projekt zu helfen. Gegenüber dem sozialen Projekt und dem Land bist du recht aufgeschlossen und hast keine feste Präferenz.

Du durchforstest also die unzähligen Seiten zu Freiwilligendiensten und Hilfsorganisationen und wann immer du ein interessantes Angebot siehst, kannst du es hier in diese Tabelle eintragen.

Option	Freiwilligendienst mit Hilfsorganisation in Uganda	
Voraussetzungen	Erfahrung im Umgang mit Kindern	
Bewerbungsfrist / Verfahren	01.11 / Lebenslauf und Motivationsschreiben	
Zeitraum / Beginn	01.09.	
Kosten	Flugkosten und Extras Bezahlt: Verpflegung und Unterkunft	
negativ	Uganda ist nicht die erste Wahl	
positiv	Interessantes Projekt	
Wahrscheinlichkeit der Zusage	Keine Ahnung	

So gehst du nun für Gap Year, Ausbildung, Studium etc. vor und gewinnst möglichst detaillierte Beschreibungen.

Im nächsten Schritt überprüfst du, ob du für alle deine Optionen die Voraussetzungen erfüllst, du noch in der richtigen Zeit für die Bewerbung liegst und ob du ein KO-Kriterium für einige der Optionen gefunden hast. Vielleicht dünnt sich nach diesem Schritt deine Liste noch weiter aus. Dies hat den Vorteil, dass du weniger Bewerbungen schreiben musst, birgt aber das Risiko, dass du am Ende ohne Option dastehst, wenn keine der Bewerbungen fruchtet. Falls dir die

Gewissheit, dass du schon irgendwo unterkommen wirst, besonders wichtig ist, dann kannst du auch eine der Optionen immer nach diesem Aspekt suchen und in die Liste eintragen. Wenn du zum Beispiel auf jeden Fall ins Ausland willst und du Angst hast, dass keine der Hilfsorganisationen dich mit nach Afrika nehmen will, dann schau, ob es eine Möglichkeit gibt, die du ohne Voraussetzungen und aufwendige Bewerbungen sofort wahrnehmen könntest. In diesem Fall könnte es zum Beispiel sein, dass es ganz easy wäre, als Au-Pair nach Südafrika zu gehen.

Für ein garantiert sicheres Studium kannst du nach NC-freien Studiengängen suchen oder Studiengängen, für die dein Notenschnitt auf jeden Fall ausreicht und für die du dich nur einschreiben musst, oder „immatrikulieren", wie es an der Uni genannt wird. Natürlich werden diese letzten Strohhalme nicht unbedingt dein wahrgewordener Traum sein, aber es kann ein beruhigendes Gefühl sein, einen Back-up-Plan zu haben, der dich auch zufrieden stellen wird.

Von A bis Z

Im Grunde genommen ist es genau das, was du brauchst: Du brauchst Pläne und dazu immer auch Back-up-Pläne.

Schaue dir wieder deine Listen an und setze Prioritäten. Welche der Optionen ist dein absoluter Favorit? Was kommt als zweites, als drittes? Dabei musst du dir immer wieder die Frage stellen: „Was mache ich, wenn Plan A, Plan B, Plan C nicht klappt?" Auch falls dein absoluter Masterplan vom Traumjob auf den Malediven und das darauffolgende Jurastudium an der besten Uni in ganz Deutschland nicht aufgehen sollte: Sei nicht traurig! Du hast bei deiner Suche schließlich immer nach Optionen gesucht, die sich mit deinen Interessen überschneiden und dich auf den richtigen Weg bringen. Also kannst du auch mit Plan B oder sogar Plan C glücklich werden!

Los geht's!

Du hast dir ein paar coole Ausbildungen, Gap-Year Programme oder Studiengänge rausgesucht? Top! Dann folgt jetzt das Bewerbungsschreiben. Je nachdem für was du dich bewirbst, benötigst du andere Unterlagen. Nutze auch hier die Liste, um einen Überblick zu behalten. Was du (fast) immer brauchen wirst, sind:

- Bewerbungsfotos
- Lebenslauf
- Beglaubigte Zeugniskopien
- Referenzen von Nebenjobs/Praktika

Lass dir dabei von Eltern, Geschwistern oder Lehrer*innen helfen. Da die Bewerbungen für Ausbildungen und Gap-Year Programme und die Einschreibungen an der Uni so unterschiedlich ablaufen, kann ich dir an dieser Stelle keine ausführliche Anleitung geben. Aber es gibt zahlreiche Tipps dazu im Internet, wie die Bewerbungsverfahren ablaufen. Hier wirst du sicherlich fündig:

Wie schreibe ich eine Bewerbung für Ausbildungen: [LK024].

Wie schreibe ich mich an einer Uni ein: [LK025].

Wie bewerbe ich mich für ein duales Studium: [LK026].

Für Gap-Year Programme kann ich dir keine Seite empfehlen, da es ganz darauf ankommt, was du machen möchtest. Ein Freiwilliges Soziales Jahr in Deutschland oder Au Pair in Amerika? Mit Organisation oder ohne? Da musst du dich einfach bei jeder Hilfsorganisation oder Vermittlungsagentur einzeln informieren.

Die Hoffnung stirbt zuletzt

Du hast für das supertolle Hilfsprojekt in Uganda eine Absage bekommen? Nicht verzagen! Du hast noch viele andere Optionen offen! Eine Absage heißt nicht, dass du für die Stelle ungeeignet bist oder dass du niemals eine Zusage bekommen wirst. Es heißt einfach: Weiter bewerben und durchhalten! Das ist nicht schön, ganz und gar nicht, aber ich fürchte, da müssen wir alle durch.

Falls deine Liste doch immer kleiner wird und keine Zusage kommt, dann musst du einfach dein Netz wieder auswerfen. Überlege noch einmal, wo deine Prioritäten liegen und wie du deine Suchergebnisse gefiltert hast. Überlege dir, was dir wirklich wichtig ist: Eigentlich wolltest du nur nach Uganda, weil da mal eine Freundin war und du quasi nur dieses Land kennst? Dann erweitere deinen Radius und suche nach Hilfsorganisationen in anderen afrikanischen Ländern. Je weiter du dein Fangnetz auswirfst, desto eher wirst du einen Fisch fangen. Es gibt so viele Angebote in den Weiten des Internets, da wirst du schon irgendwo unterkommen!

Wie entscheide ich mich bloß?

Oder stehst du plötzlich vor der Qual der Wahl, weil du gleich mehrere Zusagen bekommen hast? Kinder unterrichten im Senegal oder Wasserstellen bauen in Kenia stehen dir zur Auswahl und du kannst dich nicht entscheiden? Nun, das klingt zwar nach einem First-World-Problem, aber es ist genau das: ein Problem. Sich FÜR etwas zu entscheiden, heißt auch immer sich GEGEN etwas Anderes zu entscheiden. Nur, wenn du Hellsehen könntest, wüsstest du welche Entscheidung sich in der Zukunft als die bessere herausstellen wird. Was ist, wenn du deine Entscheidung bereuen wirst und doch lieber die andere Option hättest wählen sollen? Hätte, hätte, Fahrradkette, sage ich da! Man kann niemals 100 % sicher sein, ob eine Entscheidung zu einem passt, weil wir eben nicht Hellsehen und auch nicht in einem Paralleluniversium die Folgen der alternativen Wahl vergleichen können. Was wir tun können, ist diejenige Entscheidung zu treffen, die sich gut anfühlt und von der wir uns am meisten versprechen. Dazu gebe ich dir wieder ein Werkzeug an die Hand.

Ich glaub', ich spinne!

Die klassische Methode, um eine Entscheidung abzuwägen, ist eine Pro-Contra-Liste. Du schreibst einfach die Vor- und Nachteile der jeweiligen Optionen auf und wägst dann noch ab, welche der Punkte am stärksten gewichtet sind. Klar, da muss ich dir nicht mehr viel zu sagen.

Eine etwas unbekanntere Methode sind die „Spinnennetze". In der Mitte des Spinnennetzes schreibst du deine Option. Drumherum schreibst du an den Netzfäden alles, was dafür wichtig ist. Zeitraum, Ort, Inhalte, Kosten etc. Das machst du für alle Optionen, zwischen denen du dich entscheiden musst. Dann machst du noch eine weitere Spinne. Diesmal schreibst du dort die Interessen und Rahmenbedingungen auf, die du in Kapitel 3 herausgefunden hast. Markiere dabei diejenigen, die dir besonders wichtig sind. Nun kannst du diese „Kriterienspinne" als Schablone nutzen, um sie mit deinen Optionen zu vergleichen. Klingt etwas verwirrend? Auf der nächsten Seite siehst du ein Beispiel.

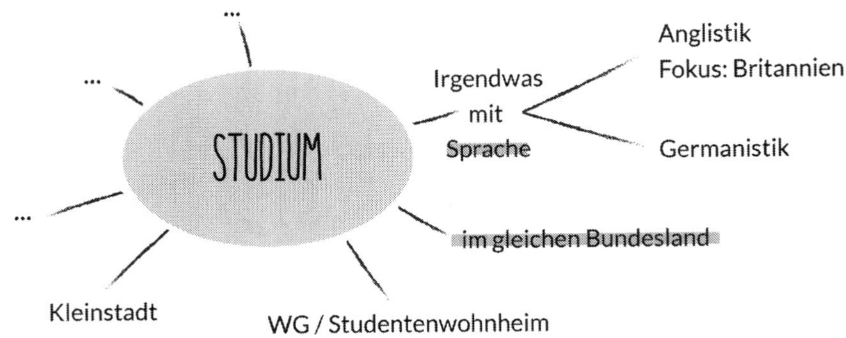
STUDIUM
Irgendwas mit Sprache
Anglistik Fokus: Britannien
Germanistik
im gleichen Bundesland
WG / Studentenwohnheim
Kleinstadt
...
...
...

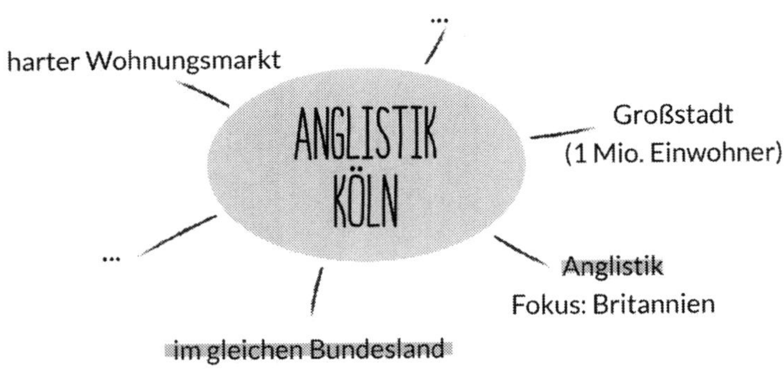
ANGLISTIK KÖLN
harter Wohnungsmarkt
...
Großstadt (1 Mio. Einwohner)
Anglistik Fokus: Britannien
im gleichen Bundesland
...

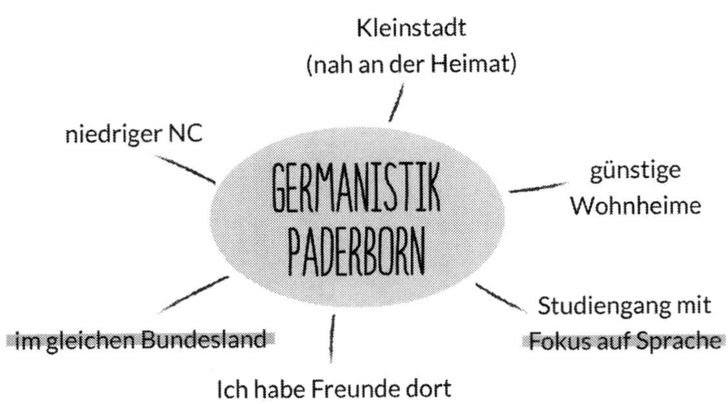
GERMANISTIK PADERBORN
Kleinstadt (nah an der Heimat)
niedriger NC
günstige Wohnheime
Studiengang mit Fokus auf Sprache
Ich habe Freunde dort
im gleichen Bundesland

Du kannst deine Spinnen um beliebig viele Kriterien erweitern, Vor- und Nachteile mit einbringen und so bunt markieren, wie du möchtest. Es hilft dir, deine Entscheidungsmöglichkeiten zu visualisieren und zu vergleichen. Doch wie du im Beispiel siehst, ist die Entscheidung auch dann immer noch nicht zwingend eindeutig.

Falls du dir jetzt denken solltest, „na toll, jetzt weiß ich aber noch immer nicht, wie ich mich entscheiden soll", dann kommt hier der wohl älteste Mutti-Rat: „Schlaf eine Nacht drüber (oder auch mehrere) und höre auf dein Bauchgefühl." Und denk daran: Letzten Endes kannst du dich gar nicht „falsch" entscheiden, weil alle deine Optionen sich mit deinen Interessen decken und dich alle in die Richtung führen, in die dein Kompass dich weist. Du wirst keine falsche Entscheidung treffen, weil es in solch komplexen Entscheidungen gar kein richtig oder falsch gibt. Entscheide dich für eine Option und grübele nicht darüber nach, was du womöglich „verpasst" hast, sondern freue dich lieber über den gewählten Weg, der vor dir liegt!

6. BON VOYAGE!

Wow, jetzt geht es los! Ganz egal, ob das Hilfsprojekt in Uganda oder die Ausbildung im Nachbardorf - Du hast es geschafft!

Du hast dich der Tatsache gestellt, dass du eine große Entscheidung treffen musst.

Du hast in dich hinein gehorcht und über deine größten Interessen nachgedacht.

Du hast erkannt, dass du anders als deine Eltern, Geschwister oder Mitschüler*innen bist und deswegen eine eigene Entscheidung treffen musst.

Du hast dich wie ein Tiger durch den Informationsdschungel des Internets geschlagen.

Du bist dir deiner Prioritäten bewusst geworden und hast Bedingungen aufgestellt.

Du hast das heikle Thema deiner finanziellen Unterstützung geklärt.

Du hast ordnungsgemäß Bewerbungen geschrieben und Papierkram erledigt.

Du hast Absagen bekommen und trotzdem weitergemacht.

Du hast entschieden, was du nach dem Abitur machen willst.

Glückwunsch! Du hast das Ziel erreicht, für das ich dieses Buch geschrieben habe.

Du bist am Ende deiner Reise zur Entscheidung angekommen und stehst nun am Beginn deiner Ausbildungsreise.

Aye Mate! Sind wir noch auf Kurs?

Bewegst du dich in die Richtung, in die dein Kompass dich führt? Hat sich vielleicht dein Traumziel ein wenig verschoben? Am aller Wichtigsten: Bist du soweit zufrieden? Verbringst du deine Zeit so, wie es dir gefällt?

Falls du nicht so ganz sicher bist, ob du die richtige Entscheidung getroffen hast und gerne etwas an deinen Aufgaben, dem Ort oder deiner Art der Bildung ändern möchtest, dann überlege dir genau, wo der Schuh drückt und wie du ihn passend machen kannst.

Doch wenn alles im Großen und Ganzen stimmig ist und du soweit zufrieden mit deiner Entscheidung und deinem jetzigen Leben bist, dann bist du auf dem richtigen Kurs!

SCHICK' UNS EINE POSTKARTE!

Ich hoffe sehr, dass ich dir mit diesem Buch helfen konnte und wünsche dir viel Spaß und eine gute Reise! Lass mich gerne an deinen Erfahrungen teilhaben. Du kannst mir Mails schicken, mich auf Instagram taggen oder in Facebook kommentieren. Oder du schickst mir ganz klassisch eine Postkarte.

ICH FREUE MICH AUF DICH

Facebook: seitenwaelzer

Twitter: seitenwaelzer

Instagram: seitenwaelzer_magazin

E-mail: team@seitenwaelzer.de

Quellen

Urban Dictionary

http://www.urbandictionary.com/define.php?term=fuck

Interessenstest für Maturant*innen:

http://www.ausbildungsberatung.at/pages/interessentest/interessentest-fuer-maturantinnen.php

Interessenstest für 14-Jährige: http://www.ausbildungsberatung.at/pages/interessentest/interessentest-fuer-14-jaehrige.php

Gehalt für Anwendungsentwicklung

https://www.absolventa.de/jobs/channel/it/thema/gehalt-informatiker

Bafög:

https://www.bafög.de/

How to Bafög:

https://seitenwaelzer.de/how-to-bafoeg

Tilgungsrechner kfw

https://www.kfw.de/KfW-Konzern/Service/Rechner-und-Tools/Tilgungsrechner/

Klischeefrei

https://www.klischee-frei.de/de/index.php

Hamburg FAQ Studium

https://www.haw-hamburg.de/studium/bachelor/studienwahl/faq-studieren.html

Unterschied Ausbildung und Studium

http://www.studienwahl.de/de/chorientieren/studium-oder-ausbildung/studium-oder-ausbildung070.htm

Anzahl Studiengänge:

http://www.internationale-studierende.de/fragen_zur_vorbereitung/studieren_in_deutschland/

Studium Interessentest

https://www.hochschulkompass.de/studium-interessentest.html

Duales Studium

http://www.bachelor-studium.net/duales-studium

https://www.einstieg.com/studium/duales-studium/was-ist-ein-duales-studium.html

Wegweiser duales Studium

https://www.wegweiser-duales-studium.de/studiengaenge/

Studienabbruch wegen finanzieller Schwierigkeiten

http://www.dzhw.eu/pdf/pub_fh/fh-201002.pdf

Eltern zahlen Bildung für ihre Kinder

http://www.rp-online.de/leben/ratgeber/verbraucher/eltern-mu-essen-kinder-ausbildung-zahlen-aid-1.2954947

http://www.buergerliches-gesetzbuch.info/bgb/1601.html

Bafög-Rechner

https://www.bafoeg-rechner.de/Rechner/

BAB-Rechner

http://www.babrechner.arbeitsagentur.de/

Bewerbungen für Ausbildung

https://www.ausbildung.de/ratgeber/bewerbung/anschreiben/

Anzahl Studiengänge

http://www.studienwahl.de/de/chnews.htm

Ausbildungsglossar

https://www.ausbildung.de/berufe/glossar/

Ausbildungskatalog

https://www.ausbildung.de/berufe/themen/

Last Minute Ausbildung

https://www.azubiyo.de/last-minute-ausbildung/

Einfach/Zweifach Bachelor Robins Artikel

Verweis zu Robins Artikel: https://seitenwaelzer.de/einfach-2-fach-drei-fach

Messen für Studium

http://www.studium-ratgeber.de/studium-messen.php

Messen für Ausbildung

http://planet-beruf.de/index.php?id=2015

Intelligenz-Mythen

https://www.springer.com/de/ueber-springer/media/pressemitteilungen/sozialwissenschaften/erblichkeit-der-intelligenz/9975198

http://www.spektrum.de/sixcms/media.php/370/knvmmdb.732265.pdf

Arbeitslosenzahlen

http://www.bpb.de/nachschlagen/zahlen-und-fakten/soziale-situation-in-deutschland/61718/arbeitslose-und-arbeitslosenquote

Freie Stellen für FSJ

https://www.deinjahr.org/stellen

Gehalt Pädagogikstudium

http://www.bachelor-studium.net/bachelor-paedagogik

LINKS:

Seite	Code	Link
31	LK001	http://www.ausbildungsberatung.at/pages/interessentest/interessentest-fuer-maturantinnen.php
31	LK002	http://www.ausbildungsberatung.at/pages/interessentest/interessentest-fuer-14-jaehrige.php
45	LK003	https://www.aupairworld.com/de
45	LK004	http://www.aupair-invia.de/
45	LK005	http://www.freiwilligenarbeit.de/freiwilligendienste-im-ausland/freiwilligendienst-im-ausland.html
45	LK006	http://www.bundes-freiwilligendienst.de/ausland/
45	LK007	http://www.work-and-travel.co/plannung-organisation/
48	LK008	http://www.bundes-freiwilligendienst.de/fsj-freiwilliges-soziales-jahr/
48	LK009	http://www.freiwilligesjahr-nrw.ijgd.de/
48	LK010	http://www.fsj-ganztagsschule.de/
48	LK011	https://www.drk.de/mitwirken/freiwilligendienste/freiwilliges-soziales-jahr/
48	LK015	https:/deinjahr.org
54	LK016	https://www.haw-hamburg.de/studium/bachelor/studienwahl/faq-studieren.html
55	LK017	https://www.hochschulkompass.de/studium-interessentest.html
57	LK018	http://www.studium-ratgeber.de/studium-messen.php
60	LK019	https://www.ausbildung.de/berufe/themen/
60	LK020	https://www.ausbildung.de/
61	LK021	https://www.ausbildung.de/berufe/glossar/
61	LK022	https://www.azubiyo.de/last-minute-ausbildung/

Seite	Code	Link
62	LK023	http://planet-beruf.de/index.php?id=2015
67	LK029	https://www.wegweiser-duales-studium.de/studiengaenge/
72	LK028	https://www.bafoeg-rechner.de/Rechner/
73	LK027	http://www.babrechner.arbeitsagentur.de/
73	LK012	https://seitenwaelzer.de/how-to-bafoeg
73	LK013	https://www.bafög.de/
74	LK014	https://www.kfw.de/inlandsfoerderung/Privatpersonen/Studieren-Qualifizieren/Finanzierungsangebote/KfW-Studienkredit-(174)/
80	LK024	https://www.ausbildung.de/ratgeber/bewerbung/anschreiben/
80	LK025	http://www.studieren.net/studienphase/vor-dem-studium/bewerben-und-einschreiben.html
80	LK026	https://www.wegweiser-duales-studium.de/bewerbung/

DEINE NOTIZEN:

DEINE NOTIZEN:

DEINE NOTIZEN:

DEINE NOTIZEN:

Printed in Poland
by Amazon Fulfillment
Poland Sp. z o.o., Wrocław

93102815R00054